CB061933

As orações

SANTA CATARINA DE SENA

Coleção **CLÁSSICOS DO CRISTIANISMO**

1. *História de uma alma,* Santa Teresinha
2. *Cartas completas,* Santa Catarina de Sena
3. *Obras completas,* Santa Teresa do Menino Jesus e da Santa Face
4. *Tratado da verdadeira devoção à Santíssima Virgem Maria,*
   São Luís Maria Grignion de Montfort
5. *Revelações do amor divino,* Juliana De Norwich
6. *Diário,* Santa Gemma Galgani
7/1. *Sermões: do Primeiro Domingo do Advento à Sexta-feira Santa (vol. 1),*
   São João Maria Vianney, o Cura d'Ars
8/1. *Castelo interior ou moradas,* Santa Teresa de Jesus
8/2. *Livro da vida,* Santa Teresa de Jesus
8/3. *Caminho de perfeição,* Santa Teresa de Jesus
9. *As orações,* Santa Catarina de Sena
10. *Obras completas,* São Luís Maria Grignion de Montfort
11. *O diálogo,* Santa Catarina de Sena

SANTA CATARINA DE SENA

As orações

PAULUS

Título original:
Le orazioni

Todos os direitos reservados pela Paulus Editora. Nenhuma parte desta publicação poderá ser reproduzida, seja por meios mecânicos, eletrônicos, seja via cópia xerográfica, sem a autorização prévia da Editora.

Dados Internacionais de Catalogação na Publicação (CIP)
Angélica Ilacqua CRB-8/7057

Catarina de Sena, Santa, 1347-1380

As orações / Santa Catarina de Sena [tradução de Frei João Alves Basílio]. — 2. ed. — São Paulo: Paulus, 2020. — Coleção Clássicos de Cristianismo.

ISBN 978-65-5562-130-3

Título original: *Le orazioni*

1. Catarina, de Sena, Santa, 1347-1380 - Orações e devoções I. Título II. Basílio, João Alves

20-4062

CDD 242
CDU 243

Índice para catálogo sistemático:
1. Santa Catarina de Sena: Orações

Direção editorial: *Pe. Sílvio Ribas*
Tradução: *Frei João Alves Basílio, OP*
Coordenação de revisão: *Tiago José Risi Leme*
Preparação do original: *Tatianne Francisquetti*
Capa: *Karine Pereira dos Santos*
Diagramação: *Leidson de Farias Barros*
Impressão e acabamento: PAULUS

Seja um leitor preferencial **PAULUS**.
Cadastre-se e receba informações sobre nossos lançamentos e nossas promoções:
paulus.com.br/cadastro
Televendas: **(11) 3789-4000 / 0800 016 40 11**

2ª edição, 2021

© PAULUS – 2021

Rua Francisco Cruz, 229 · 04117-091 – São Paulo (Brasil)
Tel. (11) 5087-3700
paulus.com.br · editorial@paulus.com.br

ISBN 978-65-5562-130-3

Apresentação

Pela primeira vez, publica-se no Brasil *As orações*, obra ditada por Santa Catarina de Sena, doutora da Igreja (1347-1380).

Catarina foi uma leiga dominicana italiana cuja ação evangelizadora fortemente marcou, questionou e orientou a vida da Igreja de sua época. Humilde mulher do povo, iletrada, dotada de privilegiada inteligência intuitiva, mística de profunda espiritualidade teologal, deixou 381 cartas e os livros *Diálogo da divina providência* e *As orações*.

As orações é a sua mais breve e também última composição, mas talvez a mais sublime, pela grandeza do pensamento teológico.

Neste momento histórico, caracterizado pela busca e redescoberta do valor da oração, esta obra cateriniana certamente será muito valiosa para motivar e alimentar uma autêntica vida de oração pessoal e comunitária, de forte e amorosa tônica eclesial.

Frei Lourenço M. Papin, OP

Prefácio do tradutor

"Se morro, morro de paixão pela Igreja."
Santa Catarina de Sena

A Paulus Editora publicou, em 1984, a principal obra literária de Santa Catarina de Sena, *O diálogo*. O presente volume quer colocar à disposição do leitor brasileiro suas *Orações*, que constituem uma das joias do italiano arcaico. A autora dessas belíssimas orações, declarada doutora da Igreja pelo papa Paulo VI, foi uma leiga dominicana, extraordinária mulher, reconhecida pelo seu esforço de reformar a Igreja no último quartel do século XIV e pelo seu misticismo encarnado nos problemas da sua época. Um dos seus discípulos, frei Bartolomeu Dominici, OP, assim nos conta a origem dessas orações:

> Após a comunhão [...], de tal maneira a mente [de Catarina] se elevava em Deus, que logo perdia o uso dos sentidos [...]. Quase todos os dias, ela permanecia durante três ou mais horas completamente absorta e insensível. Muitas vezes, estando em êxtase e falando com Deus, ela proferia afervoradas e profundas preces em voz alta [...]. Tais orações, em grande parte, foram transcritas palavra por palavra. Umas por mim, muitas por outras pessoas (*Processo Castellano*, apud G. Cavallini, *Le orazioni di S. Caterina da Siena*. Roma: Ed. Cateriniane, p. 12).

Ao traduzir as 26 orações que seguem, tomamos a liberdade de modificar seus títulos tradicionais, por serem por demais genéricos, e dispusemos as preces em sua ordem cronológica. Para que o leitor possa eventualmente comparar com outras edições, elencamos aqui a correspondência dos números de cada oração. Os números arábicos referem-se a esta edição; os números romanos, às demais: 1-I; 2-II; 3-III; 4-XXIII; 5-XXIV; 6-XXV; 7-V; 8-VI; 9-XIX; 10-XX; 11-XXI; 12-XXII; 13-IV; 14-VII; 15-VIII; 16-IX; 17-X; 18-XI; 19-XII; 20-XIII; 21-XVII; 22-XVI; 23-XV; 24-XVIII; 25-XIV; 26-XXVI. Quanto aos títulos tradicionais das orações, colocá-los-emos, vez por vez, entre parênteses, no início de cada prece. A disposição cronológica, além de possibilitar um acompanhamento progressivo de alguns eventos históricos, permitirá ao leitor seguir o pensamento de Catarina e sua espiritualidade.

Catarina morreu em Roma, no dia 29 de abril de 1380. A primeira oração foi feita em 14 de agosto de 1276, e a última, em 30 de janeiro de 1380. Relendo essas preces, revivemos suas preocupações durante os cinco últimos anos de sua vida.

Para Catarina de Sena, a Igreja (hierarquia e leigos) desempenha neste mundo a mesma missão do Filho de Deus feito homem (Oração 1). Por isso, em tudo ela deve trilhar os caminhos de Jesus, na dor, na pobreza, na humildade e na mansidão (Or. 2). Mas, como no seio da Igreja existem "membros espiritualmente mortos", é necessário que o papa, representante de Cristo, os reconquiste à maneira do Crucificado (Or. 3) e segundo o exemplo do apóstolo Paulo (Or. 4). Catarina eleva-se, pois, em ardente súplica à Trindade, em favor do mundo e da Igreja (Or. 5 e 6), dos cardeais recentemente eleitos (Or. 7) e, de modo especial, de Urbano VI (Or. 8). A reforma da Igreja exige que os cristãos vivam no amor mútuo, alimentem-se da Eucaristia e confiem na misericórdia de Deus (Or. 9 e 10). Pelo seu Espírito, Deus ilumina as almas, mas quer que os homens troquem suas vontades pela vontade divina (Or. 11); que cada pessoa aprenda a olhar a si mesma em Deus (Or. 12), que, por isso, se dignou descer até a poeira de nossa humanidade e viver a nossa vida (Or. 13).

Mesmo no céu, Jesus conserva as suas cicatrizes diante do Pai por nós, mas pede nossa colaboração mediante a penitência, a oração, a força de vontade e a fé (Or. 14). O próprio Pai nos quer compassivos e misericordiosos uns para com os outros (Or. 15). Se somos fracos, fortalece-nos o sangue de Jesus (Or. 16), pois Deus enxertou-se em nossa humanidade (Or. 17), quando se encarnou na Virgem Maria (Or. 18). Ao assumir o ideal do Crucificado (Or. 19), chegaremos aos profundos mistérios de Deus (Or. 20), compreenderemos que a falta de amor mútuo é um pecado contra a própria natureza (Or. 21), aprenderemos a julgar tudo no abismo do amor divino (Or. 22) e atingiremos a verdade (Or. 23); sem nos esquecermos de que é angustiante a existência de perseguidores do sangue de Cristo entre os próprios cristãos (Or. 24 e 25), pelos quais devemos agir junto de Deus, mesmo com a oferta da própria vida (Or. 26).

1
A MISSÃO DE CRISTO, DA IGREJA E DO PAPA
(I – A missão do Verbo)

1. Criação, queda e redenção do homem

Ó Deidade, Deidade, inefável Deidade![1] Ó Bondade suprema! Unicamente por amor, fizeste-nos à tua imagem e semelhança. Ao criar o homem, não disseste "Faça-se", como ocorrera com as demais criaturas, mas "Façamos o homem à nossa imagem e semelhança" (Gn 1,26), para que, Amor inefável, toda a Trindade concordasse. A memória é figura de ti, Pai eterno: como reténs e conservas todas as coisas, deste a memória ao homem, a fim de que ele retivesse e conservasse tudo aquilo que a inteligência vê, entende e conhece da tua bondade infinita; com isso, o homem participa da sabedoria do teu Filho unigênito. Deste ao homem a vontade, como figura da clemência do Espírito Santo; qual mão poderosa do teu amor, ela se ergue para apanhar tudo quanto a inteligência conhece do teu ser inefável. Assim, estando a vontade cheia do teu amor, o mesmo acontece com a memória. Gratidão, gratidão a ti, excelsa e eterna Deidade, pelo amor revelado ao concederes tal semelhança à alma: inteligência para conhecer, memória para reter e conservar, vontade para possuir-te acima de tudo.

---

[1] Esta oração foi recitada por Catarina em Avinhão, no dia 14 de agosto de 1376. Na ocasião, como embaixatriz de Florença, procurou obter do papa Gregório XI (1370-1378) o perdão para o interdito decretado contra aquela cidade. Também aconselhou ao papa que voltasse para Roma e procurou incentivar a realização de uma Cruzada para unir os príncipes cristãos da Europa.

Ó Bondade infinita, como é racional que, ao te conhecer, o homem te ame. Ame com um amor tão vigoroso, que demônio ou criatura alguma possa destruir, sem o consentimento da vontade. E envergonhe-se a pessoa que, conhecendo teu amor, não te ama.

Ó Deidade eterna, amor sem preço! Após cairmos no horror do pecado, quando nosso pai Adão, por maldade e fraqueza, te desobedeceu, tu, ó Pai, com amor e compaixão, olhaste para nós, míseros e infelizes, e enviaste o teu Filho unigênito, Palavra encarnada e revestida de nossa condição mortal.

E tu, Jesus, nosso Reconciliador, Restaurador e Redentor, te tornaste mediador, Palavra e amor. Da grande guerra que o homem mantinha contra o Pai, fizeste uma imensa paz. Puniste em teu corpo nossas maldades e a desobediência de Adão, fazendo-te obediente até a vergonhosa morte na cruz. Bondoso e amoroso Jesus! Com um único golpe, deste reparação à injúria feita ao Pai e ao nosso pecado, pois tomaste sobre ti a vingança da ofensa ao Pai.

Pequei, Senhor, tem compaixão de mim!

2. Louvores a Jesus Cristo e a Deus Pai

Para qualquer lado que me volte, só encontro um grande amor. Impossível achar desculpas para não amar, porque tu, Homem-Deus, me amaste antes que eu te amasse. Eu não existia, e me criaste. Em ti encontro tudo quanto desejo. Tudo encontro em ti, menos o pecado. Sendo uma privação, o pecado não existe em ti, nem é digno de ser amado. Se desejamos amar a Deus, em ti achamos a inefável Deidade; se queremos amar o homem, és o homem em que posso conhecer a pureza sem preço. Se desejo amar um senhor, és o Senhor e com teu sangue pagaste o preço da nossa escravidão ao pecado.

Ó Deus eterno, por tua bondade e imenso amor, és nosso Senhor, Pai e irmão. O Verbo, teu Filho, conhecendo e cumprindo tua vontade, quis derramar seu sangue no salutífero madeiro da cruz, em favor da nossa miséria.

Ó Deidade, és a suprema sabedoria, e eu, uma criatura ignorante e pobre; és a suprema e eterna bondade; eu sou a morte, tu, a vida; eu, as trevas, tu, a luz; eu, a tolice, tu, a sabedoria; tu, o infinito, eu, o finito; eu, a enferma, tu, o médico; eu, uma frágil pecadora, que jamais te amou; és a beleza puríssima, eu, uma sujíssima criatura. Por inefável amor, tu me fizeste sair de ti. Por gratuidade, sem nenhum merecimento, tu nos atrais sob a condição de que nos deixemos atrair, isto é, que nossa vontade não se oponha à tua.

Ai de mim! Pequei, Senhor, tem compaixão de mim!

3. Súplica pela Igreja, pelo papa, e oferta como vítima

Ó Bondade eterna, não olhes para as misérias, que culposamente cometemos, quando nossas almas se afastam de ti, que és o nosso fim. Eu te peço: por tua infinita misericórdia, olha com clemência e compaixão para a tua esposa (a Igreja). Ilumina o teu representante (o papa); que ele não te ame por causa de si, nem se ame por interesses pessoais. Que te ame por tua causa; por tua causa se ame. Pois, quando ele te ama e se ama por interesses pessoais, nós perecemos. Nele está a nossa vida. E também a nossa morte, quando não se preocupa em defender as ovelhas que perecem. Se teu representante amar a si mesmo e te amar por tua causa, viveremos. Do pastor recebemos o exemplo de vida.

Ó Deidade suprema e inefável! Pequei e não sou digna de orar diante de ti. Mas tu és poderoso para tornar-me digna. Senhor, meu Deus! Castiga, pois, os meus pecados e não leves em consideração minha miséria. Possuo um corpo, que te dou e ofereço. Eis a carne, eis o sangue. Se for da tua vontade, sejam meus ossos dessangrados, destruídos e separados em prol daqueles pelos quais imploro. Tritura os ossos e sua medula em favor do teu representante, único esposo da tua Igreja. Por ela, peço que me escutes. Que teu representante leve em consideração tua vontade, que a ame, a cumpra, a fim de que não pereçamos. Dá-lhe um coração novo, que continuamente cresça na graça. Um coração forte, capaz de empunhar o estandarte da cruz (na Cruzada), para fazer os infiéis (sarracenos) participarem dos frutos da Paixão e do sangue do teu Filho, Cordeiro sem mancha, Deidade altíssima e inefável.

Pequei, Senhor, tem compaixão de mim!

2
Pelos pastores da Igreja e pelos discípulos
(II – Pelos ministros da Igreja)

1. Despojar-se da própria vontade

Ó Deidade, Deidade, eterna Deidade![1] Confesso, não nego: tu és um oceano de paz, em que se alimenta e nutre a alma de quem em ti repousa pelo afeto e pelo amor, conformando a própria vontade com a tua altíssima e eterna vontade, que apenas deseja a nossa santificação (1Ts 4,3). Quem valoriza tal verdade despoja-se da sua vontade e reveste-se da tua. Ó Amor dulcíssimo, tal comportamento me parece constituir o sinal evidente dos que estão em ti: cumprem a tua vontade da maneira que tu queres, não do seu jeito. E a melhor prova de que alguém cumpre a tua vontade é esta: julga o próprio modo de viver, não o alheio; alegra-se não com os acontecimentos favoráveis, mas nas adversidades, considerando-as como enviadas por ti, somente por amor. Tal pessoa ama as contrariedades, como ama todas as criaturas, pois todas elas são boas e merecem amor. Unicamente o pecado não vem de ti e não pode ser amado. Todavia, eu, pobre infeliz, pequei amando o pecado.

Pequei, Senhor, tem compaixão de mim!

---

[1] Esta oração, feita no mesmo dia 14 de agosto de 1376, em Avinhão, parece uma simples continuação da primeira.

2. Súplica pelos pastores da Igreja

Senhor, pune meus pecados; purifica-me, Bondade eterna, inefável Deidade! Escuta esta tua serva! Não olhes para a multidão das minhas faltas. Suplico-te que orientes para ti o coração e a vontade dos pastores da santa Igreja, tua esposa. Ó Cordeiro dessangrado, pobre, humilde e manso, que eles te sigam pelos caminhos da cruz e não andem pelas próprias estradas. Que sejam criaturas angelicais, anjos de carne neste mundo, pois devem ministrar o corpo e o sangue do teu Filho, o Cordeiro sem mancha. Que não sejam feito animais, desprovidos de razão, enfim, indignos. Ó Compaixão divina, une-os e lava-os no oceano da tua bondade. Que não demorem mais, perdendo o tempo de que dispõem.

Pequei, Senhor, tem compaixão de mim!

3. Prece pelos discípulos

Pai piedosíssimo, escuta esta tua serva! Pecadora que sou, suplico que ouças minha palavra, a clamar por ti. Também rogo pelos filhos[2] que me deste. Ó Divindade suprema, eterna e inefável! Que eu os ame com uma caridade sem limites. Amém.

---

[2] Em quase todas as orações, Catarina pede a Deus pelos seus discípulos; não só por aqueles que se encontravam junto a ela no momento da prece, mas por aqueles – aliás numerosíssimos – que seguiam suas instruções no trabalho pela reforma da Igreja em toda a Itália.

3
PELA AÇÃO DO PAPA NA REFORMA DA IGREJA
(III – Cristo, nossa salvação)

1. A missão do papa é a mesma de Jesus

Ó Pai Todo-poderoso, Deus eterno, Amor inestimável e dulcíssimo! Em ti eu vejo[1] e guardo no coração que tu és o caminho, a verdade e a vida. Caminho pelo qual a alma deve andar para ir a ti; caminho que teu amor inefável traça e constrói na sabedoria do Filho unigênito, Nosso Senhor Jesus Cristo. Tu és o Deus eterno e incompreensível[2] que, movido somente pelo amor e clementíssima compaixão, após a morte (espiritual) da humanidade na miséria da sua fraqueza, nos enviaste teu Filho Jesus Cristo, verdadeiro Deus e verdadeiro homem, revestido de nossa carne mortal. Não quiseste que ele viesse entre prazeres e honrarias deste mundo transitório, mas na dor, no sofrimento, consciente de cumprir tua vontade para a nossa salvação, vencendo o mundo e a oposição dos inimigos. Jesus teria de superar a morte com a morte, aceitando morrer por obediência, em grandes dores na cruz.

Assim, Amor incompreensível, tu és aquele mesmo amor que ordena agora, ao teu representante, reconquistar os filhos (espiritualmente) mortos, que se afastaram da obediência à

---

[1] Esta oração foi feita por Catarina na cidade de Gênova, no mês de outubro de 1376, ao regressar de Avinhão. Também o papa Gregório XI estava na Cidade, em viagem marítima de Avinhão para Roma. É uma prece cheia de esperança pela próxima estadia do papa em sua sede tradicional, na Itália.

[2] O termo "incompreensível" não significa "ininteligível"; apenas quer dizer que a inteligência humana é incapaz de conhecer toda a infinitude do ser divino.

santa mãe Igreja, tua esposa. Tu o envias entre angústias e perigos, como enviaste teu dileto Filho, nosso Salvador, a fim de livrar os filhos mortos do castigo da desobediência e do pecado. Mas os homens, criaturas frágeis, dirigidos por um julgamento falso e orgulhoso, induzidos pelo que é terreno e como que dominados pelo inimigo, resistem e impedem a realização da tua vontade e os benefícios da salvação, procurando desviar teu representante na terra do seu trabalho salutar. Ó Amor eterno, tais pessoas não temem a morte da alma; somente a do corpo. Julgam conforme seu modo de pensar e seu egoísmo, não de acordo com o teu modo verdadeiro de julgar, nem em conformidade com a profunda sabedoria da tua majestade.

Tu és a nossa norma, és a porta por onde é preciso entrar. Como ensinaste, devemos alegrar-nos nas dificuldades e angústias. Para isso nascemos. Por tua vontade, o mundo e nossa carne tão fraca só produzem amargura, para que não nos alegremos, nem confiemos neles. Nossa glória há de ser posta na redenção e nos teus celestes dons. Também o teu representante tem de alegrar-se no cumprimento da tua vontade e justiça em Cristo Jesus. Por nós, Jesus se dessangrou, feriu (o costado) e destruiu seu corpo santíssimo; para lavar nossos pecados, derramou seu sangue; com inefável compaixão nos salvou; e entregou ao seu representante o poder de ligar e desligar nossa alma, realizando tua vontade e seguindo teus passos.

Imploro, pois, que tua santíssima clemência purifique o teu representante. Inflame-se o seu coração no desejo santo[3] de recuperar os membros (da Igreja) perdidos, atraindo-os com o auxílio do teu poder. Se a lentidão do teu representante

---

[3] Na linguagem de Catarina, "desejo santo" é uma expressão técnica, digamos assim. Significa o ardor que o cristão deve ter pela glorificação de Deus e pela salvação da humanidade. Na sua caminhada espiritual, o discípulo de Jesus atinge a perfeição da caridade, quando descobre, no coração de Cristo, o segredo do seu amor por Deus Pai e pelos homens.

te desagradar, ó Amor eterno, castiga meu corpo em seu lugar. Eu o ofereço e entrego a ti, para que o aflijas com sofrimentos e o destruas, da maneira que te parecer bem.

Meu Senhor, pequei; tem compaixão de mim!

2. Agradecimento pela missão do papa

Ó Deus eterno! És um apaixonado pelos homens, com graça e clemência inefáveis. Por isso, envias teu representante, a fim de que os recupere, pois perecem. Por tal obra, eu, indigna e miserável, te agradeço. Ó Bondade infinita, Amor inestimável, Deus verdadeiro! Envergonhe-se o homem, filho de Adão, que unicamente por amor redimiste do pecado, de não cumprir tua vontade, que fez morrer teu Filho unigênito, o qual somente queria fazer tua vontade.

Tu, Jesus, és o Deus eterno, que por divina caridade te fizeste homem e por amor te uniste a nós. Mandas teu representante para nos ministrar as graças espirituais da santificação e recuperar os filhos perdidos. Queres que ele cumpra somente a tua vontade, não siga as sugestões da carne, segundo os sentidos e o amor-próprio, não se atemorize diante de nenhuma dificuldade ou quando lhe faltar tudo, menos a ti, Deus supremo. Quando eu te invoco, não olhes os meus pecados, mas ouve a tua serva, pela clemência do teu grande amor. Quando partiste deste mundo, não nos deixaste órfãos, mas deixaste conosco o teu representante. Ele nos dá batismo no Espírito Santo. Não uma única vez, quando somos lavados na água batismal, mas nos limpa sempre pelo seu santo poder e nos purifica dos pecados. Vieste a nós entre perseguições, e nós nos afastamos de ti, seguindo a carne e o amor-próprio. Estás pálido, porque os homens sempre esgotam as veias das tuas graças, ao desprezar a Igreja.

Ó Compaixão eterna! Faze que o teu representante sinta sede das almas, arda no desejo santo da tua glória e se aproxime de ti, unicamente porque tu és a suprema e eterna bondade. Purifica, por meio dele, as nossas fraquezas. Restaura a Igreja com seus conselhos salutares e obras virtuosas. Reforma, também, ó Deus eterno, a vida destes teus servidores aqui presentes. Que eles sigam unicamente a ti, único Deus, com um coração simples, de uma vontade perfeita. Não olhes para a minha miséria, quando rezo por eles. Mas planta-os no jardim da tua vontade. Ó Pai eterno, eu te bendigo. Abençoa estes teus servos. E que eles, por tua causa, desprezem a si mesmos e sigam a pureza da tua vontade, que é eterna e perpétua. Por todos eles, eu te rendo graças. Amém.

4
OPÇÃO DE PAULO PELO CRUCIFICADO
(XXIII – Na conversão de São Paulo)

1. As faculdades humanas e a Trindade

Eterna Trindade, una Deidade![1] Ó Divindade eterna, és una na essência, e trina nas Pessoas. És uma videira com três ramos. Seja-me permitido usar tal comparação. Fizeste o homem à tua imagem e semelhança, para que, através das três faculdades que ele possui numa única alma, o homem se assemelhe à tua trindade e unidade. Mas a tal semelhança ocorre que o homem acrescente algo. Assemelhando-se, que se una pela memória ao Pai, a quem pertence o poder; pela inteligência, que se una ao Filho, a quem pertence a sabedoria; pela vontade, que se assemelhe e una-se ao Espírito Santo, a quem é atribuída a clemência, pois ele é o amor do Pai e do Filho.

2. Paulo, suas faculdades e a Trindade

Ó ótimo Paulo, bem meditaste sobre tais coisas, sabendo donde vinhas e para onde ias. Também conhecias a estrada por onde andavas. Conhecias o princípio e o fim, bem como o caminho para atingir a meta. Por isso, unificaste[2] as faculdades da alma nas três Pessoas divinas.

---

[1] No dia da conversão de São Paulo, 25 de janeiro, do ano de 1377, Catarina encontrava-se, ao que parece, no castelo de Belcaro, a poucos quilômetros de Sena.

[2] Veja-se O diálogo (São Paulo: Paulus, 1984, p. 117), quando ensina Catarina sobre a função das três faculdades da alma no desenvolvimento da vida espiritual.

Uniste tua memória ao Pai, lembrando-te de que ele é o princípio donde procedem todas as coisas. Não apenas as coisas criadas, mas também, a seu modo, as outras Pessoas divinas. Jamais duvidaste de que o Pai é o teu princípio.

Uniste a capacidade da inteligência ao Filho, reduzindo perfeitamente toda a ordem das realidades criadas ao seu fim, que se identifica com o Princípio, em conformidade com a ordenação da sabedoria do Filho. Para que isso melhor se manifestasse, o próprio Filho se encarnou e habitou entre nós. Sendo ele a verdade, por suas obras tornou-se o caminho para se chegar à vida, para a qual tínhamos sido criados e da qual nos havíamos privado.

Uniste a vontade ao Espírito Santo, para amar com perfeição aquela clemência, que sabias ser a causa da criação e de cada graça concedida sem qualquer mérito precedente. Sabias que aquela clemência realiza tudo isso somente para fazer-te feliz e bem-aventurado.

3. A escolha de Paulo apóstolo

Por isso, neste dia (25 de janeiro), após teres sido convertido pelo Filho, do erro para a verdade, e elevado à visão da divina essência nas três Pessoas, ao retornares ao corpo, ou melhor, aos sentidos, ficaste envolto apenas na visão do Verbo encarnado. Naquela visão, viste que o Verbo realizou a glória do Pai e a nossa salvação em contínuo sofrimento. Ficaste então sedento de sofrer. Esquecido de tantas outras coisas, nada mais querias confessar do que Jesus Cristo, e este, crucificado (1Cor 1,1-2). Como o Pai e o Espírito Santo não podiam sofrer,[3] até parece que te esqueceste dessas duas Pessoas e só conheceste o Filho, imerso em terríveis sofrimentos e crucificado.

---

[3] Na oração n. 17 e em *O diálogo* (*op. cit.*, p. 154), também é feita essa afirmação de que Deus Pai não pode padecer. Talvez porque Ele, com o Espírito Santo, não se encarnou num corpo passível, como aconteceu com Deus Filho.

5
INVOCAÇÃO À TRINDADE PELA IGREJA
(XXIV – Invocação à Trindade)

Poder do Pai, ajuda-me; sabedoria do Filho, ilumina minha inteligência; clemência do Espírito Santo, inflama e une o meu coração a ti.[1] Ó Deus eterno, confesso que o teu poder é vigoroso e forte para libertar a Igreja e o teu povo do demônio, para fazer cessar a perseguição contra a santa Igreja[2] e conceder-lhe a vitória e força contra seus inimigos. Confesso que a sabedoria do Filho, o qual é um contigo (Jo 10,30), pode iluminar minha inteligência, a mente do povo e afastar as trevas da Igreja. Confesso ainda, doce e eterna bondade divina, que a clemência do Espírito Santo e o teu inflamado amor querem acender e unir a ti meu coração e o coração de todos os homens. Uma vez que sabes, podes e queres, obrigo-te – poder do Pai eterno, sabedoria do Filho unigênito, por teu precioso sangue, e clemência do Espírito Santo, fogo e abismo de caridade, que conservaste Jesus cravado na cruz –, obrigo-te a usar de misericórdia com o mundo e dar à santa Igreja o calor do teu amor, a paz e a união. Ai de mim! Não quero que demores mais! Peço que a tua infinita bondade te obrigue a não fechar os olhos da misericórdia. Jesus doce, Jesus amor!

---

[1] A partir do mês de agosto de 1377, Catarina de Sena passou cinco meses no vale do rio Órcia, falando de Deus aos moradores e procurando reconciliar os irmãos Angelo e Cione Salimbeni. Esta oração foi feita na residência deste último, no dia 27 de outubro.

[2] O papa Gregório XI estabelecera-se em Roma desde o mês de janeiro de 1377. Mas a luta contra Florença continuava, e o exército papal fora derrotado uma vez. Na própria cidade de Roma, aconteciam insurreições e críticas. O papa envelhecia rapidamente, angustiado e triste. A oração presente reflete toda a preocupação de Catarina.

6
ORAÇÃO À TRINDADE
(XXV – Ao Espírito Santo)

Espírito Santo, vem ao meu coração e atrai-me a ti pelo teu poder;[1] dá-me caridade e temor. Cristo, livra-me de todo mau pensamento e aquece-me com teu ardentíssimo amor. Meu Pai, santo e bondoso, meu Senhor, ajuda-me em todo trabalho.

---

[1] Esta oração, como a anterior, foi composta no mês de outubro de 1377. Frei Tomás Antônio de Sena, mais conhecido pelo nome de Caffarini, afirma que foi escrita de próprio punho por Catarina, que até então sabia ler, mas não escrever. Chegaram até nós duas formulações. Reproduzimos a mais simples, que deve ser a original. Para conhecimento do leitor, parece-nos bem dar o texto mais trabalhado: "Ó Espírito Santo, vem ao meu coração! Pelo teu poder, arrasta-o para ti, ó Deus, e dá-me a caridade e o temor. Ó Cristo, protege-me de todo mau pensamento, aquece-me e inflama-me com o teu doce amor, de modo que toda pena me pareça leve. Meu Pai santo e meu doce Senhor, ajuda-me agora e em qualquer necessidade. Cristo amor, Cristo amor!".

7
PELOS NOVOS CARDEAIS E PELO PAPA
(V - As plantas novas)

Deidade, Deidade, eterna Deidade, Amor verdadeiro, através da humanidade do Filho, Nosso Senhor Jesus Cristo, pelo poder da Deidade, concedeste a nós, extraviados, a luz da santíssima fé, pupila da nossa inteligência. Por meio dela, vemos e conhecemos tua perfeitíssima divindade, verdadeiro desejo da nossa alma.[1]

Do teu Filho imaculado, Pai, fizeste, em nosso favor, um holocausto, pondo-o como pedra angular e coluna firmíssima da santa mãe Igreja, tua esposa. Desde há muito, resolveste renovar a Igreja com plantas novas,[2] mais frutíferas. Ninguém é capaz de impedir tua santíssima vontade, eterna e incomunicável.

Não consideres os pecados, que me tornam indigna de orar a ti. Pela virtude do apóstolo Tomé,[3] apaga hoje os meus pecados. Purifica a minha alma por tua clementíssima compaixão, ó meu Amor e supremo Deus, escuta esta serva que a ti clama.

---

[1] A oração foi feita em Roma, no dia 21 de dezembro de 1378. Catarina chegara à Cidade Eterna no dia 28 de novembro, a pedido do próprio papa Urbano VI (1378-1389).

[2] O papa Gregório XI falecera em 23 de março de 1378. No conclave que se seguiu, os 23 cardeais presentes (18 franceses, 4 italianos e 1 espanhol) elegeram papa o arcebispo de Bari, que assumiu o nome de Urbano VI. Em breve tempo, o papa e os cardeais se desentenderam. Sentindo-se abandonado, Urbano VI nomeou 25 novos cardeais, sendo 24 italianos e 1 francês. A reação dos antigos purpurados foi violenta: retiraram-se de Roma e depuseram Urbano VI, nomeando um antipapa que ocupasse o seu lugar. Uma vez estabelecidos em Roma, Catarina e seus discípulos tomaram a defesa de Urbano VI. Os cardeais recém-eleitos são chamados por ela de "plantas novas".

[3] O aceno ao apóstolo São Tomé nos ajuda a determinar o dia em que a oração foi pronunciada por Catarina (21 de dezembro).

Tu és um fogo ardente. Sem destruir as coisas que te são caras, consomes tudo o que a alma possui fora de ti. Com a chama do teu Espírito, queima, consome e arranca, desde as raízes, todo amor-próprio e apego sensível do coração das novas plantas, que inseriste na hierarquia da santa Igreja. Retira-as do mundo para o jardim do teu amor. Encham-se de verdadeiro fervor em te amar. Sejam zelantes da fé e das virtudes. Após deixar os prazeres falazes e as honrarias deste frágil mundo, sigam unicamente a ti, com caridade muito pura e fervorosa.

Ó Guia da nossa salvação! Orienta sempre o novo esposo[4] da santa Igreja com teus conselhos. Que ele promova, aceite e escute aqueles (cardeais), que são limpos e puros.

Quanto às plantas novas, estejam diante do teu representante como os anjos diante de ti no céu, com um coração simples e um modo de agir perfeito, renovando a santa Igreja segundo o teu coração. Como de fato acontece, que se considerem inseridas, de um modo novo, no corpo místico de Jesus Cristo, do qual cortaste alguns ramos supérfluos e estéreis, com admirável providência e sem socorro humano.[5] Nascendo de novo com Jesus Cristo, no Natal, que cresçam em virtude na santa Igreja e frutifiquem com exemplos e costumes santos. Por uma disposição da natureza, dada por ti, as árvores enxertadas produzem flores mais perfumadas e frutos mais saborosos. Também os novos cardeais. Uma vez destruídas as tendências do apetite sensível pelo dom celeste, com que purificaste os santos apóstolos na efusão do Espírito Santo, novas virtudes sejam neles enxertadas. Tornem-se para ti um agradável perfume e, para a santa Igreja, uma renovação, mediante atividades retas e obras boas. Que eles reformem a santa Igreja.

---

[4] Refere-se ao papa Urbano VI.
[5] "Ramos supérfluos e estéreis" são os cardeais rebeldes ao papa.

Ó Amor eterno! Purifica o teu representante.[6] Que ele dê bom exemplo de pureza e inocência aos demais. Seja servo da tua graça, instrua os súditos, atraia os infiéis com a disciplina celeste e ofereça a ti, sublime Majestade, os frutos da salvação.

Para que te dignes a escutar-me em favor de todos eles, mísera que sou, eu te rendo graças, ó Bondade suprema e Deus verdadeiro. Amém.

---

[6] Urbano VI era um homem de costumes austeros e simples, mas, em público, mostrava-se raivoso e violento, sem tato e fineza diplomática, e desagradava a todos. Catarina pede a Deus que o purifique. Veja: *Vida de Santa Catarina de Sena* (São Paulo: Paulus, 1993, p. 76-77).

8
Pelo papa Urbano VI
(VI – Pela cátedra de São Pedro)

Ó Médico celestial e Amor sem preço da minha alma! Suspiro grandemente por ti. A ti clamo, Trindade eterna e infinita, em favor da hierarquia da santa Igreja. Por tua graça, apaga toda mancha da minha alma e, sem demora, pelos méritos de São Pedro,[1] o piloto da tua pequena barca, socorre tua esposa. Ela aguarda o teu auxílio na chama do teu amor e no abismo profundo da tua sabedoria. Não desprezes os anseios dos teus servidores.[2]

Ó Pacificador, orienta para ti os teus pastores. Tendo-os libertado das trevas, que surja para eles a aurora da luz, como almas plantadas na tua Igreja, no puro desejo da salvação das almas. Pai benigníssimo, bendito seja o lado a nós concedido, para deter tua justiça. Falo da oração humilde e fiel dos teus servidores e do desejo santo, pelos quais prometes usar de misericórdia para com o mundo.

Agradeço-te, Deidade eterna, pela promessa de conceder um refrigério à tua esposa. Penetrarei novamente no jardim da Igreja e não mais sairei, enquanto não realizares tuas promessas, que sempre foram verdadeiras. Ó Deus veraz, destrói hoje nossos pecados e lava nossas

---

[1] Também nesta oração, o aceno a São Pedro e, logo abaixo, à cátedra de São Pedro, ajuda-nos a encontrar a data em que Catarina pronunciou esta apaixonada prece pelo papa: 18 de janeiro de 1379.

[2] Encontravam-se em Roma, com Catarina, diversos discípulos: Lisa, Aléssia, Francisca (Cecca), Joana de Capo, Neri Landoccio, Barduccio Canigiani, Frei Santi, Afonso de Valdaterra. Dias houve em que a comunidade contava 25 ou 30 pessoas.

almas no sangue do teu Filho, por nós derramado. Mortos para nós mesmos e vivos em Cristo, faze que assumamos a Paixão com rosto limpo e almas puras. Escuta igualmente a nossa prece pelo responsável desta cátedra, cuja festa celebramos. Torna o teu representante semelhante ao velho Pedro. Prometeste realizar os meus desejos. Com maior confiança, suplico que não demores, ó meu Deus, em realizar tais promessas.

E vós, queridos filhos, chegou o momento de vos fatigardes pela Igreja de Cristo, verdadeira mãe da nossa fé. Já que estais plantados na santa Igreja, exorto-vos a comportar-vos como colunas suas. Bem unidos, trabalhemos neste jardim da fé salvadora. Com fervor. Sem preguiça. Cumpramos inteiramente a vontade do eterno Deus, que nos chama para a salvação nossa e dos outros, bem como para a unidade da Igreja, na qual está a salvação de nossas almas. Amém.

9
OS CAMINHOS DA SANTIDADE E DA MISERICÓRDIA
(XIX – Os caminhos da misericórdia)

1. Muitas estradas levam a Deus

Ó Amor sem preço, doce Amor, Chama eterna![1] És um fogo que sempre arde, altíssima Trindade! És um Deus reto, sem nenhum desvio; sincero, sem nenhuma duplicidade; livre, sem nenhum fingimento. Fixa teu olhar misericordioso sobre a humanidade. Sei que a misericórdia te pertence. Para qualquer lado que eu olhe, só encontro a tua misericórdia.[2] Por isso, apresso-me a clamar diante da tua misericórdia, para que a uses para com o mundo.

Pai eterno, desejas que te sirvamos de acordo com teus desígnios. Por diversas estradas e modos, tu guias teus servidores. Hoje fazes compreender que, de modo algum, podemos julgar o íntimo das pessoas baseando-nos naquilo que vemos. Em tudo devemos olhar teus desejos, especialmente naqueles servos que estão unidos à tua vontade e nela são transformados. Alegre-se a pessoa que, na tua luz, vê a luz dos diferentes e infinitos caminhos, pelos quais avançam. Embora por estradas diversas, todos correm pelas veredas da chama do teu amor. Não fosse assim, não estariam seguindo realmente o teu Filho.

Uns vão pela estrada da penitência, arrimados na mortificação do próprio corpo. Outros praticam a humildade e se

---
[1] Esta oração foi feita em Roma, no dia 13 de fevereiro de 1379.
[2] Semelhante afirmação pode ser encontrada em O diálogo, op. cit., p. 82.

esforçam por destruir a vontade pessoal. Outros caminham pela fé viva. Outros praticam a misericórdia. Outros, enfim, entregam-se inteiramente à prática da caridade para com o próximo, esquecidos de si mesmos. Em tudo, eles se enriquecem. Ao exercitar com esforço a capacidade natural, a alma se eleva ao plano sobrenatural, no qual contempla a imensidão da tua bondade. Como progridem tais pessoas. Em tudo percebem a tua vontade, em todas as ações do próximo descobrem o teu querer. Elas compreenderam bem e assimilaram o ensinamento que deste: "Não julgues pelo rosto" (cf. Jo 7,24).

Ó Verdade eterna! Qual é teu ensinamento, que caminho indicas para irmos ao Pai? Não conheço outro, além daquele que construíste com virtudes reais e verdadeiras,[3] na chama do teu amor; a estrada, Verbo eterno, feita com teu sangue. Esse é o caminho.

Nosso pecado consiste, unicamente, em amar o que recusaste e recusar o que amaste. Confesso, Deus eterno, que sempre agi assim. Mas hoje clamo diante da tua misericórdia. Concede-me seguir tua verdade com um coração desimpedido. Dá-me fogo e abismo de caridade; dá-me contínua fome de padecer tormentos e dores por ti; dá aos meus olhos a fonte das lágrimas, Pai eterno, para que, com elas, eu atraia teu perdão para o mundo inteiro, sobretudo para a santa Igreja. Ó Amor sem preço e suavíssimo! A Igreja é o teu jardim, semeado no sangue de Cristo e irrigado com o sangue dos mártires, que virilmente correram ao odor daquele sangue. Quem prejudicaria a cidade que proteges? Acende nossos corações e mergulha-os no sangue. Sentiremos melhor o desejo da tua glória e da salvação das almas.

Pequei, Senhor, tem compaixão de mim!

---
[3] Esta passagem talvez se refira à famosa "Ponte", construída por Deus sobre o "rio do pecado", de que fala *O diálogo, op. cit.*, p. 75.

2. Louvores à misericórdia divina

Ó Deidade eterna, que diremos de ti? Que julgamento daremos a teu respeito? Diremos e afirmaremos que tu és o nosso Deus, que somente quer a nossa santificação. Isso nos revela o sangue do teu Filho. A fim de salvar-nos, apaixonado, ele correu para a terrível morte na cruz. Envergonhe-se o homem orgulhoso ao ver-te, Deus altíssimo, humilhado na lama da nossa natureza.

Deidade eterna! A ti pertence a misericórdia. A tal ponto pertence, que teus servos a invocam contra tua justiça, que o mundo merece por seus pecados. Tua misericórdia nos criou, tua misericórdia nos remiu, tua misericórdia nos governa, impedindo que tua justiça ordene ao solo que se abra e nos engula, e aos animais que nos devorem. Tua misericórdia faz todos os seres nos servirem e a terra dar-nos seus frutos. Tua misericórdia conserva e prolonga nossa vida, dando-nos tempo de retornar a ti, contigo reconciliando-nos.

Ó Rei, cheio de misericórdia e compaixão! Que impede os anjos de se vingarem sobre os homens, teus inimigos? A tua misericórdia. Por misericórdia nos concedes grandes consolações, convidando-nos a te amar, pois o coração humano é atraído pelo amor. Tua misericórdia nos dá e permite sofrimentos e aflições, para que conheçamos e adquiramos a pequenina virtude da humildade. Dessa maneira, tu te obrigas a recompensar quem virilmente combate na verdadeira paciência.

Por misericórdia, conservaste as cicatrizes no corpo do teu Filho (ressuscitado), para que implorem misericórdia em nosso favor, diante da tua majestade. Por misericórdia revelaste hoje, a mim, tão mísera, como de nenhum modo podemos julgar as intenções das pessoas, pois as conduzes por caminhos infinitamente diversos, como vejo em mim mesma. Por tudo isso eu te agradeço. Não quis tua misericórdia que o Cordeiro sem mancha remisse o mundo com uma gota de sangue, ou com o sofrimento de um único membro, mas com sofrimentos e sangue do corpo inteiro. De fato, vemos que os homens te ofendem com as mãos, os pés, a cabeça e todos os membros. Sem o concurso da vontade, o pecado não existiria; ela domina sobre todo o corpo, e o corpo inteiro te ofende. Tal é a razão pela qual quiseste satisfazer com todo o corpo e sangue do Filho. Assim, a satisfação seria dada plenamente para todos, mediante a natureza divina infinita e a natureza humana finita de Jesus. Nele, nossa natureza humana sofreu, e a Deidade aceitou o sacrifício.

Ó Verbo eterno, Filho de Deus! Por que razão levaste a termo a perfeita contrição da culpa, se em ti não havia o veneno do pecado?

Ó Amor sem preço, vejo que deste satisfação no corpo e na mente, porque o homem pecara e ofendera corporal e mentalmente.

Pequei, Senhor, tem compaixão de mim!

10
PELA RENOVAÇÃO DA IGREJA E DO MUNDO
(XX – Pela santificação da Igreja)

1. Os grandes dons de Deus

Ó Trindade eterna, eterna Trindade, fogo e abismo de amor![1]

Ó Enlouquecido pela humanidade, eterna Verdade, Chama eterna, eterna Sabedoria! Foi, por acaso, somente a Sabedoria que veio ao mundo? Não! A Sabedoria (do Filho) não foi dada sem o Poder (do Pai), nem o Poder (do Pai) sem a Clemência (do Espírito Santo). Portanto, Sabedoria divina, não vieste sozinha, mas com toda a Trindade.

Trindade eterna, Louco de amor! Que vantagem tiveste com a nossa redenção? Nenhuma, pois não precisas de nós. Tu és o nosso Deus, ó Amor sem preço. Como nos deste o perfeito Homem-Deus, assim nos deixaste o alimento (eucarístico), para que, peregrinos nesta vida, não pereçamos de cansaço, mas sejamos fortalecidos, ó Alimento celeste.

Que foi, ó homem mercenário, que te deixou o teu Deus? Deixou a si mesmo, verdadeiro Deus e verdadeiro Homem, oculto na alvura do pão. Ó Chama de amor, não era suficiente criar-nos à tua imagem e semelhança, não era suficiente recriar-nos pela graça, sem nos dar a ti mesmo, a divina essência, como alimento? Quem te obrigou a isso? Ninguém, a não ser teu amor,

---
[1] A oração foi pronunciada em Roma, no dia 14 de fevereiro de 1379.

louco de amor que és. Não somente nos enviaste e deste o Verbo como redentor, não somente no-lo deste como alimento, mas, enlouquecido de amor, nos deixaste a divina essência inteira. A quem renuncia a si mesmo e por ti te ama, procurando e desejando tua glória e louvor unicamente porque és a bondade suprema, digna de ser amada e servida pela humanidade, te colocaste no interior de sua alma; igualmente, para quem ama o próximo sem interesses pessoais, para que ele te glorifique, tu lhe fortaleces a alma com teu poder, contra as ciladas do demônio, contra as revoltas da carne, contra a angústia e o sofrimento, venham de onde vierem. Iluminas tais almas com a sabedoria do Filho, a fim de que conheçam a si mesmas, a ti e aos ocultos enganos do demônio. Incendeia-lhes o coração com a chama do Espírito Santo, dando a elas o desejo de amar-te e seguir-te realmente, na medida do amor com que se aproximam de ti e do exercício da capacidade natural que lhes deste.

Gratidão, gratidão a ti, Pai eterno e supremo! Enlouquecido pela tua criatura, revelaste-nos hoje a maneira de renovar a santa Igreja, tua esposa. Suplico-te! Já que iluminaste nosso pensamento sobre a necessidade da reforma, também disponhas os pastores, sobretudo o teu representante, a seguirem a iluminação que lhes darás.

Ó Trindade, pequei durante todo o tempo da minha vida.

2. Prece pelo mundo e pela Igreja

Ó minha pobre alma! Já te lembraste do teu Deus?

Certamente não, pois, do contrário, já estarias queimada na fornalha do seu amor.

Deus eterno, concede saúde ao enfermo, vida ao morto! Dá-nos a Palavra, para implorarmos a ti misericórdia para o mundo e a reforma da santa Igreja. Escuta a tua própria voz, com que clamamos a ti. De uma maneira geral, eu suplico pelo mundo todo; de modo especial, peço pelo teu representante e suas colunas (os cardeais); mas, também, por todos aqueles (discípulos) que me deste, para que os ame com particular afeto. Embora seja eu uma enferma, quero vê-los sãos; embora imperfeita por causa dos meus pecados, desejo vê-los perfeitos; embora eu esteja morta, quero vê-los vivos na tua graça.

Ó Fogo inestimável, Amor caridoso! Donde procedem tão grande humildade e tal misericórdia, de modo que faças o homem tão conforme a ti, seja na união da natureza divina com a humana (em Jesus), seja na criação à tua imagem e semelhança e nas experiências (místicas) de ti, concedidas a quem te ama e serve com um coração desimpedido e livre? Não procedem de bondade nossa, pois somos uns demônios na carne e inimigos teus. Originam-se unicamente do teu amor. Que se envergonhe o homem de não pôr sua contínua moradia em ti, com todo o coração, muito embora tu, alta e eterna Trindade, de tantos modos venhas morar em nós.

Ó minha pobre alma! Não te lembraste do teu Deus! Esse é o motivo pelo qual não revigoras teu coração com virtudes perfeitas.

Pequei, Senhor, tem compaixão de mim!

3. Pedido da luz divina para o mundo

Ó Deidade eterna, tu és a vida, eu sou a morte;[2] tu és a sabedoria, eu, a tolice; tu és a luz, eu, as trevas; tu és o infinito, eu, a finita; tu és a retidão suprema, eu, a mísera falsidade; tu és o médico, eu, a enferma. Ó Deidade eterna, Altura suprema,

---

[2] Vejam-se expressões semelhantes na oração n. 1.2.

quem poderá chegar a ti para agradecer pelos infinitos favores que nos fizeste? Tu mesmo o farás, mediante a iluminação que infundes naqueles que a aceitam, e através dos laços com que envolves as almas que, sem resistência, se deixam prender à tua vontade.

Pai benigníssimo, não demores! Volve teu olhar misericordioso para o mundo. Ao lhe concederes a luz, serás mais glorificado do que se os homens permanecessem na cegueira e nas trevas do pecado mortal, muito embora tu retires louvor e glória ao teu nome de todas as coisas. Vemos, de fato, que a glória da tua misericórdia brilha até nos pecadores, porque não desembainhas a espada da justiça contra eles. Pelo contrário, concede-lhes tempo de conversão. Mesmo no inferno, fulge a tua glória, pela justiça que se realiza nos condenados. E usas até de misericórdia com eles, não lhes dando o castigo que merecem. Por tal misericórdia e tal justiça, glória e louvores que te sejam dados. Mas eu quero a tua glória e o teu louvor em cumpridores da tua vontade, como é seu dever, que atinjam a meta para a qual os criaste. Quero que tornes o teu representante um outro Cristo. Mais do que os outros, ele[3] necessita de uma iluminação perfeita, pois tem o dever de iluminar os demais. Pai benigníssimo e cheio de compaixão, concede tua suave e eterna bênção. Amém.

---

[3] O papa Urbano VI.

11
A PERFEITA ILUMINAÇÃO
(XXI – As duas vestes)

1. Despoja o homem da vontade própria

Ó Deidade eterna, suprema e eterna Deidade, Amor sem preço![1] Na tua luz, eu vi a luz (Sl 35,10). Na tua luz, são conhecidas a fonte da luz e a fonte das trevas: a fonte da luz és tu, a fonte das trevas somos nós. Na tua luz são conhecidos os efeitos da luz e das trevas na alma. Ó Trindade eterna, tuas obras são admiráveis; na tua luz as conhecemos, pois procedem de ti, que és luz. Hoje a tua luz me revela, com admirável precisão, qual é (em nós) a fonte das trevas: a roupagem suja da vontade própria; e (me revelas) a maneira de ver tua luz: revestindo-se da tua doce vontade. Que coisa admirável que nós, nas trevas, conheçamos a luz; entre realidades finitas, conheçamos a vida. Tu nos ensinas que, à semelhança de uma pessoa que, ao trocar de roupa, a vira no avesso, também a alma deve despojar-se da própria vontade, para revestir-se da tua.

Como despojar-se? Usando livremente a iluminação recebida no batismo,[2] quando na luz viu a luz. De quem a alma recebe tal iluminação? Unicamente de ti, Luz revelada sob o véu da humanidade (em Cristo). Que efeitos recebe a alma

---
[1] Oração feita em Roma, no dia 15 de fevereiro de 1379.
[2] Leia-se, em *O diálogo* (*op. cit.*, p. 205 e seguintes), quando diz Catarina sobre os diversos tipos de iluminação concedidos por Deus aos homens no caminho da perfeição do amor.

com tal iluminação? Liberta-se da escuridão da fome, da sede e da morte: pelo desejo das virtudes, afasta-se a fome de fazer a vontade própria; pelo desejo da tua glória e pela vida da graça, afasta-se a morte do pecado. Ó roupagem fétida de nossa vontade pessoal! Tu não vestes, mas desvestes a alma. E tu, vontade pessoal! Tu não vestes, mas desvestes a alma. E tu, vontade despojada, és a garantia da eterna vida; és fiel até a morte, não ao mundo, mas ao Criador; a ele te unes, porque estás livre de ti mesma.

Como sabe alguém que está despojado de si? Quando não escolhe tempos, lugares e modos segundo seus gostos pessoais, mas conforme os teus. Essa é a roupagem de luz. Ela é como o sol, que ilumina, aquece e fecunda a terra. Também a iluminação (divina) aquece a alma na chama do teu amor. Ilumina-a, fazendo conhecer a verdade na luz da tua sabedoria e fazendo germinar, na alma, o fruto das virtudes perfeitas já durante esta vida mortal.

E por que alguma alma não se despoja da vontade própria? Por falta de iluminação, por não conhecer nem exercitar a luz fundamental, que dás a cada pessoa (no batismo). Por que não a conhece? Porque ofuscou o entendimento com a culpa, aprisionando a vontade, origem de todo o pecado. Ó minha alma ignorante, como não sentes o mau odor da culpa? Como não percebes o perfume da virtude e da graça?

Pequei, Senhor, tem compaixão de mim!

2. Reveste o homem da vontade divina

Ó Deus eterno! Vi, na tua luz, quanto o homem se assemelha a ti. Colocaste-o como que dentro de um círculo, no qual se acha para qualquer lado que vá. Na tua luz, se investigo o ser que nos deste, encontro a conformidade da imagem e semelhança contigo, Trindade santa, através das três faculdades;[3] se olho para o Verbo (encarnado), no qual nos recriaste pela graça, vejo a conformidade que manténs conosco, Deus eterno, na união com a humanidade; se me volto para uma alma perfeitamente iluminada, vejo que estabeleceu moradia em ti, ao seguir os mandamentos de Jesus no geral e no particular, nas virtudes comprovadas no amor interiorizado na tua luz. Ora, tu és esse amor! Dessa maneira, quem segue os ensinamentos de Jesus é um outro tu pelo amor. Despojado da vontade própria, o homem se reveste da tua vontade; quer somente o que tu pedes e queres que exista na alma.

És um apaixonado da alma, e a alma de ti. Com uma diferença. Que tu amas gratuitamente, pois a amavas antes que existisse; a alma, porém, te ama por dever. Ela sabe que não pode amar-te gratuitamente. O dever de amar é dela, não teu. Entende, então, que o amor gratuito, que não pode dar a ti, há de ser dado ao próximo, amando-o gratuitamente, como um dever. Gratuitamente, sem procura de retribuição. Não por interesses pessoais, não por utilidade; somente por amor, por dever. Tu lhe ordenas, e ela tem a obrigação de obedecer.

Ao contemplar a conformidade contigo, que realizas na alma que se elevou mediante a iluminação do conhecimento – adquirido na tua luz e no teu amor, no espelho de Jesus Cristo – percebo, ó Deus imortal, que fazes tal alma conhecer bens celestes e saborear o teu amor. Sendo luz, tu a fazes participar da tua luz; sendo fogo, fazes participar da chama. E, na chama, unes tua vontade com a da alma, e a vontade da alma com a tua. És sabedoria e dás sabedoria à pessoa, para que consiga discernir e conhecer tua verdade. És a força e dás força à alma, de modo que demônio e criatura alguma consiga vencê-la,

---

[3] Veja-se o mesmo assunto nas orações n. 1.1 e n. 4.1.

sem o seu consentimento. E a alma revestida da tua vontade jamais consentirá, pois somente a vontade pessoal é que pode enfraquecê-la. Tu és o infinito e tornas a alma infinita: aqui na terra, durante esta vida passageira, pela conformidade concedida; na vida futura, pela visão eterna. No céu, a conformidade será de tal ordem, que o livre-arbítrio ficará preso, já não podendo separar de ti a vontade da pessoa.

Digo bem, pois, ao afirmar que teu Filho disse a verdade, ao afirmar que, pela graça, a criatura racional está totalmente conformada a ti e tu a ela. Não lhe dás a graça em parte, mas em totalidade. E por que digo "em totalidade"? Porque nada falta ao homem para sua salvação. Em uns com maior perfeição, em outros com menor, na tua luz e na medida do exercício da iluminação natural, dada por ti.

Que mais direi? Mais nada, a não ser que tu, ó Deus, te fizeste homem, e o homem se fez Deus. E quem realizou tal conformidade? A iluminação em que o homem conheceu tua vontade, despojando-se da vontade própria, fonte das trevas, nudez e morte, e revestindo-se da tua vontade. Reveste-se a alma de ti com a graça, com a iluminação, com o fogo, com a união. Tu és a fonte de todo o bem; a vontade própria é a fonte de todo o mal. Ao se vestir de amor-próprio, a vontade (humana) faz o homem sair daquele círculo iluminador da fé, no qual, por todos os lados, te encontrava. Uma vez fora do círculo, a quem se conforma a alma, a quem se une? Às feras irracionais, seguindo a lei perversa[4] e o ensinamento de demônios visíveis e invisíveis.

Ó Deus eterno, Deidade suprema! Confesso, não nego: eu, infeliz, sou a causa de todo os males. Não exercitei a luz (natural) na tua luz, para conhecer o que te é agradável.

---

[4] Em *O diálogo* (*op. cit.*), Catarina fala pelo menos três vezes dessa "lei perversa" que prejudica a vida espiritual: p. 119, 170 e 205.

Prejudica-me minha maldosa e fétida vontade. Não conheci tua vontade, que deveria revestir-me.

Pequei, Senhor, tem compaixão de mim!

3. Pedido de luz divina para o papa e pastores

Deus eterno, Deidade suprema! Na tua luz fazes ver a luz. Por tal razão, humildemente suplico: infunde tal luz em todos os homens, mas, de modo especial, no doce pai, teu representante,[5] na medida do necessário para fazer dele um outro tu. Ilumina os que estão nas trevas; que, na tua luz, eles conheçam e amem a verdade. Também imploro por aqueles (os discípulos) que me concedeste amar e cuidar com particular atenção. Pela tua luz sejam eles libertados de toda a imperfeição. Assim eles trabalharão no teu jardim, onde os puseste a mourejar. Pune e castiga, em mim, suas culpas e imperfeições, pois delas sou eu a causa.

Pequei, Senhor, tem compaixão de mim!

4. Agradecimento final

Agradeço-te, agradeço-te, alta e eterna Trindade, porque, na tua luz, deste refrigério à minha alma, através da conformidade que vi das tuas criaturas contigo. Eu sou a que não é, tu és aquele que é. Tu mesmo te agradeces, concedendo-me o dom de te louvar.

Que tua vontade te obrigue a usar de misericórdia com o mundo, e, também, a socorrer teu representante e a Igreja.

Pequei, Senhor, tem compaixão de mim! Alta e eterna Trindade, concede tua doce bênção. Amém.

---

[5] O papa Urbano VI.

12
COMO OLHAR PARA SI MESMO E PARA O MUNDO EM DEUS
(XXII – O fogo divino na alma)

1. No ato criador

Deidade eterna, altíssima e eterna Deidade, Pai eterno, Fogo sempre ardente![1] Pai eterno! Altíssima e eterna Trindade! Tu és a inestimável chama de amor! Ó Deidade, Deidade, como se manifestam a tua bondade e a grandeza do homem? Mediante o dom que deste aos homens. Que dom? A Divindade toda, Trindade eterna! Como a deste? Mediante o estábulo da natureza humana, que (pelo pecado original) se tornara moradia de animais – os nossos pecados – para mostrar a que ponto chegara o homem com sua culpa. Assim a Divindade inteira (em Cristo) tomou a forma humana.

Ó Deus eterno, Deus eterno! Trindade eterna! Pedes que eu olhe para ti e, olhando-te, na tua grandeza veja a minha pequenez, e, na minha pequenez, a tua grandeza. Compreendo, porém, que não consigo conhecer-te, se antes não me despojo da minha perversa vontade pessoal. Por isso me ensinaste[2] a renunciar à minha vontade e a me conhecer. Mais te encontrarei e conhecerei, se, com mais perfeição, me despir da vontade própria e me revestir da tua vontade. Queres que na luz o homem se eleve para conhecer-se.

---
[1] Prece composta em Roma, em 16 de fevereiro de 1379.
[2] Veja-se na oração anterior, n. 11.

Ó Fogo sempre ardente! Quem te conhece em si, para qualquer lado que se volte, nas menores coisas te encontrará. Tanto nas pessoas como nas coisas. Em tudo a alma enxerga o teu poder, sabedoria e clemência. Se não pudesses (Pai), se não soubesses (Filho), se não quisesses (Espírito Santo), os seres não teriam sido criados; mas pudeste, soubeste e quiseste, por isso criaste cada ser.

Ó minha alma pobre e cega! Jamais te conheceste em Deus, porque nunca renunciaste à tua vontade própria, nem te revestiste da vontade divina.

Amor dulcíssimo! Como queres que me olhe em ti? Mediante o teu ato criador, pelo qual me fizeste à tua imagem e semelhança.

2. Na encarnação e na Eucaristia

Queres que te contemple, Pureza suprema e eterna, unida ao lodo da nossa natureza humana, na chama do teu amor, entregando-te ainda a nós como alimento. Que alimento? O manjar dos anjos, Pureza eterna e suprema. Por isso exiges e queres pureza na alma que recebe o suavíssimo sacramento. Ante tão grande mistério, até a natureza angélica precisaria purificar-se, se fosse possível. Como se purifica a alma? Na chama da caridade; lavando o rosto (da alma) no sangue do Filho unigênito.

Ó minha pobre alma! Como vais a tão sublime mistério sem purificar-te? Envergonha-te! Mereces habitar entre as feras e os demônios, porque sempre agiste como as feras e seguiste a vontade do demônio.

Bondade eterna! Queres que eu te contemple e compreenda que me amas, que me amas gratuitamente, a fim de que, com semelhante amor, eu ame todas as pessoas. Queres que eu ame o próximo desinteressadamente, que o sirva socorrendo espiritual e corporalmente quanto puder, sem esperar retribuição ou prazer. Queres mesmo que não me retraia diante da ingratidão, da perseguição ou de falsas acusações. Que devo fazer para compreender tais coisas? Despojar-me da suja roupa da vontade pessoal, contemplar-me em ti, na luz da fé, revestir-me da tua eterna vontade. Assim eu saberei, na tua luz, que és para nós a mesa, o alimento e o servidor, Trindade eterna.[3]

Tu, eterno Pai, és a mesa em que nos dás como alimento o Cordeiro, teu único Filho. Ele é o alimento suavíssimo: seja pela sua doutrina, que nos conserva em tua vontade, seja pelo sacramento recebido na comunhão. Alimento que nos nutre e fortalece, enquanto viajores e peregrinos nesta vida. O Espírito Santo é, em nós, o servidor. Ele nos instrui, ilumina o entendimento, impulsiona a seguir os ensinamentos. Além disso, dá-nos amor ao próximo e zelo pela salvação das almas e do mundo inteiro para a tua glória, Pai! Compreendemos, assim, que, iluminadas por ti, Luz verdadeira, para a tua glória, tais almas não deixam passar um instante sem nutrir-se desse suave alimento.

3. Prece pelo mundo e pela Igreja

Amor sem preço! Em ti nos fazes conhecer as necessidades do mundo, as necessidades da Igreja e o amor que lhe dedicas, pois fundamenta-se no sangue do teu Filho, sangue por ela conservado. Manifestas ainda o teu amor pelo teu representante, fazendo-o ministro do sangue. Para ficar pura, olhar-me-ei em ti. Uma vez purificada, clamarei diante da tua misericórdia, pedindo que olhes para as necessidades da tua esposa,

---

[3] Em *O diálogo* (*op. cit.*, p. 163), Catarina faz semelhante afirmação.

que ilumines e fortifiques teu representante. Que ilumines perfeitamente teus servos (os cardeais), a fim de que aconselhem retamente o teu representante, sem interesses (pessoais). E ao teu representante, que concedas luz para seguir os conselhos recebidos.[4]

4. Importância das faculdades da alma

Ó Sabedoria suprema e eterna! Não criaste a alma (humana) despojada, mas lhe deste três faculdades: a memória, a inteligência e a vontade, unidas entre si. Se uma delas age, as outras também. Quando a memória recorda os teus favores, a inteligência procura compreendê-los, e a vontade imediatamente te ama e segue. E, como não fizeste a alma despojada, também não queres que ela produza frutos sozinha, sem amar a ti e ao próximo. É acompanhada (pela atividade das faculdades) que a alma chega à união perfeita.[5] Mediante o amor e a afeição da caridade, ela se torna uma só coisa contigo e com o próximo, explicando-se, dessa forma, a afirmação de Paulo: "Muitos correm no Pálio,[6] mas um só vence" (cf. 1Cor 9,24). Só vence o amor-caridade.

Isolada permanece a alma que escolhe o pecado, afastando-se de ti, Bem total. Deixando-te, ela se afasta do amor ao próximo e tem por companheiro o pecado. Ora, como o pecado é negação, por isso dizes, Verdade eterna, que a alma fica sozinha.

Pequei, Senhor, tem compaixão de mim!

---

[4] O original diz: "*e dispone lui a seguitare el lume che tu infonderai in loro*".

[5] "União perfeita" e "união perfeitíssima" são expressões próprias da espiritualidade cataniniana, indicando, respectivamente, o terceiro e o quarto estado da vida cristã.

[6] Pálio é uma tradicional festa popular da cidade de Sena, com corridas na praça principal. Os participantes usam, até hoje, trajes medievais.

5. Inflamada súplica final

Eu jamais soube conhecer-me em ti. Mas tua iluminação nos ajuda a saber o que conhecemos de bom. Ó Deidade eterna, em teu ser conhecerei o meu ser. Como é o teu ser, Amor sem preço? É uma chama de fogo. Tu nada mais és que uma chama ardente. Dessa chama criaste todos os homens e todos os seres. Ó homem ingrato! Que natureza Deus te deu? A sua natureza. Como não te envergonhas de afastar de ti tão grande realidade pelo pecado mortal?

Trindade eterna, meu doce amor. Tu és a luz, dá-nos a luz; Tu és a sabedoria, dá-nos sabedoria; és a suprema força, fortalece-nos! Ó Deus eterno! Dissolve em nós a nuvem (do egoísmo), para conhecermos e seguirmos perfeitamente teu Filho, com amor desinteressado e livre.

Ó Senhor, vem em nosso auxílio! Apressa-te em socorrer-nos. Amém.

13
LOUVORES A DEUS CRIADOR E SANTIFICADOR
(IV – O amor que vence todo obstáculo)

1. Jesus, revelação dos mistérios de Deus

Trindade altíssima e eterna, amor sem preço![1] Se me chamas de filha, eu te chamo de Pai, supremo e eterno. Tu me dás a ti mesmo, quando comungo no corpo e no sangue do Filho, todo o Homem-Deus. Rogo-te que, da mesma forma, me faças comungar na hierarquia da santa Igreja e no corpo místico de toda a cristandade,[2] pois compreendi, na chama do teu agrado, que tal "comunhão" satisfaz a alma.

Ó Deus eterno, em tua luz me viste e me conheceste. Ao olhar-me assim, ficaste enamorado da tua criatura. Mas eu, tua criatura, não te via em mim senão no contemplar tua imagem e semelhança; para que pudesse contemplar-te e conhecer-te em mim de um modo perfeito,[3] tu te uniste a nós (na encarnação), descendo de tua altíssima divindade até o pó da nossa natureza humana, pois a limitação de meu entendimento não permitia contemplar e ver tua perfeição. Para que eu, pequenina, alcançasse ver tua grandeza, tu te fizeste criança; puseste

---

[1] Catarina dirigiu a Deus Pai esta oração em Roma, no dia 18 de fevereiro de 1379.

[2] Nos seus escritos, Catarina dá à expressão "corpo místico" um sentido diferente do que damos hoje. Para ela, "corpo místico" é a hierarquia da Igreja. Quanto ao povo de Deus, ela o indica com a expressão "Corpo universal da religião cristã".

[3] Nesta oração, Santa Catarina fala de um grande passo dado por ela na experiência de Deus no homem. Até então, via Deus no homem "criado por Deus à sua imagem e semelhança"; começava agora a ver Deus encarnado "nos limites da humanidade" de Cristo.

tua infinitude nos limites da humanidade. Tu te revelaste no teu Filho unigênito, o Verbo; e eu, no Verbo, te conheci, Abismo de amor em mim.

Ó alta e eterna Trindade, Amor sem preço! No sangue do Filho, revelaste o teu ser e verdade, para conhecermos teu poder de lavar no sangue as nossas culpas; mediante tua sabedoria, usaste a isca da natureza humana (de Jesus), escondendo o anzol de sua divindade, e pescaste o demônio, retirando-lhe seu domínio sobre nós; o sangue manifesta ainda teu amor e caridade, uma vez que só por amor nos remiste, pois não precisas de nós. Igualmente revelaste o teu ser ao nos criar para a vida eterna.

Como disse antes, é no Filho que conhecemos tua verdade. Antes nos era impossível, porque nosso entendimento estava ofuscado pela névoa do pecado. Envergonha-te, envergonha-te, pois, ó criatura cega, embora tão engrandecida e honrada por Deus, se não entendes que ele, por seu imenso amor, desceu das alturas da sua divindade até o pó da nossa natureza humana, para que o reconheças em ti.

Pequei, Senhor, tem compaixão de mim!

2. Deus quer que nos alimentemos da Eucaristia

Como é de se admirar que tu, conhecendo o homem antes que ele existisse, e sabendo que ele iria cometer o pecado e desprezar teu ser, assim mesmo o tenhas criado! Ó Amor sem preço, Amor sem preço!

A quem falas, minha alma? Falo a ti, Pai eterno. E suplico-te, Deus benigníssimo, que alimentes todos os teus servos na chama do teu amor; que bem disponhas todos os homens, para acolherem os frutos das orações e ensinamentos, que se difundem e devem difundir-se através da tua iluminação e amor.

Disse Jesus: "Procurai e achareis; pedi e vos será dado; batei e vos será aberto" (Mt 7,7; Lc 11,9). Estou batendo ante a porta do teu Filho, da tua majestade, da tua clemência, implorando misericórdia para o mundo inteiro, especialmente pela santa Igreja. No ensinamento do teu Filho, eu compreendi teu desejo de que me nutra continuamente com este alimento (da Eucaristia). Já que assim o queres, meu amor, não me deixes morrer de fome.

Ó minha alma, que fazes? Não sabes que Deus te vê continuamente? Recorda-te de que do seu olhar jamais te podes esconder, pois nada lhe fica oculto. Às vezes consegues ocultar-te do olhar dos homens, mas, do olhar divino, jamais. Põe fim e termo, então, às tuas maldades. Desperta-te.

Pequei, Senhor, tem compaixão de mim!

3. Conhecimento do amor eterno de Deus

É hora de despertar. Tu mesma, Trindade eterna, queres que acordemos. Se não nos levantamos no tempo da prosperidade, tu nos mandas adversidades. Qual perfeito médico, queimas a ferida com o fogo do sofrimento.

Ó Pai eterno! Estou muito admirada porque, na tua luz, eu entendi que olhaste para mim e me conheceste – bem como a todos os homens no geral e no particular – antes de existirmos. Olhaste para o primeiro homem, Adão, e viste sua culpa, fruto da desobediência. Porque desobedeceu, nele foi uma culpa pessoal; uma culpa geral, nos seus descendentes. Pecado que iria opor-se a Cristo e impedir que os homens chegassem à perfeição. Não poderiam atingir a meta, para a qual os havias criado. Viste também, Pai eterno, os sofrimentos que teu Filho iria suportar, para restituir a humanidade à graça e cumprir teu desígnio em nós. Na tua luz fiquei conhecendo tudo isso, que (na eternidade) havias previsto.

Ó Pai eterno, como foi que criaste o homem? Que admiração eu sinto! Conforme o ensinamento que me deste, compreendo que não houve outra razão, além da chama do teu amor, a fazer-te dar-nos a existência, apesar das maldades que iríamos cometer contra ti, Pai eterno. Foi o fogo (do amor) que te obrigou. Ó Amor inefável! Ao conhecer o pecado, que os homens iriam cometer contra tua infinita bondade, fingiste nada ver e só olhaste a beleza do homem. Enlouquecido de amor por ele, dele te enamoraste. Por amor o tiraste de ti, dando-lhe o ser à tua imagem e semelhança.

Verdade eterna! Revelaste-me que foi o amor que te levou a criar o homem; previste seu pecado contra ti, mas não levaste em consideração tal coisa. Pelo contrário, desviaste o olhar da ofensa futura e somente olhaste a beleza do homem. Se o teu olhar se tivesse fixado na ofensa, terias olvidado o amor criador do homem. Tal possibilidade não te ficou oculta, mas te limitaste ao amor. Tu nada mais és do que uma chama de amor, ó Enlouquecido pela tua obra!

Por minhas culpas, jamais te conheci. Amor dulcíssimo, concede-me a seguinte graça: que meu corpo verta sangue para honra e glória do teu nome; que eu não continue revestida de mim mesma. Pai eterno, acolhe aquele que me deu em comunhão o corpo e o sangue do teu Filho; despoja-o de si mesmo, liberta-o, reveste-o com tua eterna bondade, amarra-o a ti com um laço que jamais se desfaça, para que ele seja uma planta perfumada no jardim da santa Igreja. Pai benigníssimo, concede tua doce e eterna bênção, e lava nossas almas no sangue do teu Filho. Amor, Amor! Peço-te a morte. Amém.[4]

---

[4] No seu livro *O diálogo* (*op. cit.*, p. 171), Catarina tem duas páginas belíssimas sobre "o desejo da morte": "Os Perfeitíssimos", diz ela, "não temem a morte; até a desejam".

14
Auxílios divinos para a reforma da Igreja
(VII – A fortaleza da alma)

1. Mil auxílios da Providência

Confesso, Deus eterno; confesso, eterno Deus, alta e eterna Trindade:[1] tu me olhas e conheces! Entendi isso na tua luz. Confesso, eterno Deus: sei quais são as necessidades da tua dulcíssima esposa, a Igreja; conheço a boa vontade do teu representante.[2] Mas quem o impede de realizá-la? Vi, na tua luz, que conheces tudo isso, pois nada está oculto ao teu olhar.

Na tua luz, eu vejo que providenciaste a medicina para a humanidade morta, no Verbo, teu Filho unigênito. Outro medicamento que providenciaste para tal morto foi conservar as cicatrizes no corpo (ressuscitado) de Cristo, para que implorassem misericórdia junto de ti. Na tua luz, eu vi que as conservaste num arroubo de amor. Tanto as cicatrizes como a cor do sangue continuam sem contradição no seu corpo.

Em ti mesmo viste que, após a cura da enfermidade (humana), os homens iriam continuar a cair, diariamente, nos seus pecados. Por isso, deixaste o sacramento da penitência. Nele, o sacerdote derrama o sangue do Cordeiro na face da alma.

Puseste o Filho como principal medicina para reconciliar-nos contigo e ainda esses outros meios, necessários para

---
[1] Catarina recitou esta oração no dia 20 de fevereiro de 1379.
[2] O papa Urbano VI.

a salvação. Na tua luz, eu sei que conheceste tudo isso com antecedência. Em tal luz, eu vejo; sem ela, andaria nas trevas.

Amor dulcíssimo! Viste as necessidades da santa Igreja e o medicamento de que precisava. Para isso providenciaste a oração dos teus servidores. Queres que eles construam um muro, no qual se apoiem as paredes da santa Igreja, e neles a clemência do Espírito Santo acende inflamados desejos de reforma.

Viste (no homem decaído) a lei perversa, sempre pronta a rebelar-se contra a tua vontade. Sabias que muitos de nós a iríamos seguir. Conheces a fraqueza da nossa natureza, quanto ela é débil, frágil, mísera. Por isso, ó Provedor dos homens, providenciaste o remédio, dando-nos o rochedo fortificado da vontade. A fraqueza da carne nos acompanha, mas a vontade é tão firme, que demônio ou criatura alguma é capaz de vencê-la, contra nosso querer, isto é, sem o consentimento do livre-arbítrio, que defende aquela fortaleza.

Donde provém, Bondade infinita, essa firmeza da vontade? De ti, que és a suprema e eterna força. Vejo que nossa vontade participa da fortaleza da tua vontade, pois dela procede. Nossa vontade tanto é firme quanto segue a tua; tanto é fraca quanto dela se afasta. Tua vontade criou a nossa; permanecendo unida à tua, nossa vontade é firme.

Tudo isso eu vi na tua luz! Ó Pai eterno, em nossa vontade revelas a firmeza da tua; mas, se tornaste forte uma realidade tão pequenina, quão grande pensaremos tua vontade, pois és o Criador e Regedor de todas as coisas.

Outra coisa vejo na tua luz: parece-me que a vontade, que recebemos de ti livre, é fortalecida pela iluminação da fé, na qual conhecemos teu querer eterno, que nada mais deseja que a nossa santificação. Conforme aumenta a iluminação da fé, firma-se a vontade na prática das ações. Tanto a vontade reta como a fé viva não podem ficar sem as obras. A iluminação da fé nutre e dá crescimento à chama (do amor) na alma. Esta nunca experimentaria o fogo do teu amor se a fé não lhe revelasse teu amor e estima por nós. Ó luz da fé! Tu és a lenha que incendeia o amor da alma. Como a lenha faz crescer a chama natural, tu aumentas a caridade no homem. Revelas a ele a bondade divina, e o amor da alma aumenta, pelo desejo de conhecer a Deus, anseio que ajudas a realizar.

Provedor boníssimo! Não quiseste que o homem vivesse nas trevas e na guerra; deste-lhe, então, a luz da fé. Ela nos indica o caminho e nos dá paz e quietude. A fé não deixa a alma morrer de fome, viver nua e pobre. Pelo contrário, alimenta-a com a graça, faz saborear, no amor, o alimento (eucarístico), veste-a com a roupa nupcial da caridade e do teu querer, revela-lhe os tesouros eternos.

Pequei, Senhor, tem compaixão de mim! As trevas da lei perversa, que sempre segui, ofuscaram minha inteligência. Por isso não te conheci, ó verdadeira Luz! Mas, mesmo assim, agradou à tua caridade iluminar-me.

2. *Súplica pelo papa e pelos discípulos*

Ó Deus eterno, Amor sem preço! Pela criação, estás mutuamente amalgamado com o homem pela força da vontade, pela chama (de amor) com que o criaste, pela iluminação natural que lhe deste. Mediante esta iluminação, o homem te conhece e age desejoso das virtudes reais e verdadeiras, para glória e louvor do teu nome. Tu és aquele que é; os demais seres, deixando de lado o que lhes deste, nada são.

Ó minha alma, cega, mísera! És indigna de formar com os demais servidores de Deus um muro para sustentar a santa Igreja. Mereces estar no estômago de um animal, pois tuas ações foram sempre animalescas.

Deus eterno! Agradeço-te, agradeço-te porque me escolheste para tal trabalho, não obstante minhas iniquidades. Suplico, então: já que pões, na mente dos teus servidores, anseios e inflamados desejos de reformar tua esposa, e os levas a clamar em contínua oração, escuta seu clamor. Conserva e aperfeiçoa a boa vontade do teu representante. Seja ele perfeito, na medida que lhe pedes. O mesmo eu peço para todos os homens. De modo especial para aqueles que colocaste sobre os meus ombros. Fraca e incapaz, eu os entrego a ti. Não quero que meus pecados os prejudiquem, pois sempre segui a perversa lei. Desejo e rogo que eles te sigam na perfeição; mereçam ser atendidos nas preces que fazem, e devem fazer, pelo mundo inteiro e pela santa Igreja.

Pequei, Senhor, tem compaixão de mim!

15
A Igreja precisa de compaixão e misericórdia
(VIII – A luz que salva)

1. A compaixão em Deus e na vida dos homens

Ó Deus eterno, Deus eterno, tem compaixão de nós![1] Sublime, eterna Trindade! Dizes que a compaixão gera a misericórdia e que a misericórdia te pertence. Sim, ela te pertence e sempre está acompanhada pela compaixão, pois é por compaixão que tens misericórdia de nós. Confesso, pois: foi somente por compaixão que entregaste o Filho à morte, para nossa redenção; por compaixão, brotada da fonte do amor, criaste o homem. Como ele te agradasse muito, logo que perdeu a veste da inocência (original), procuraste revesti-lo da graça, reconduzindo-o ao estado anterior. Mas não lhe tiraste a capacidade de pecar. Deixaste-lhe a liberdade e a lei perversa, que combate contra o espírito (Rm 7,23), pois, seguindo tal lei, a alma se dispõe a cair no pecado.

Ó Deus eterno! Tu és tão inclinado à compaixão. Donde vem que o homem seja tão cruel consigo mesmo? Que crueldade maior se pode praticar, que matar a si mesmo pela culpa do pecado mortal? O homem é compassivo para com sua sensualidade[2] e, por isso, cruel contra sua alma e contra seu corpo, dado que ambos serão condenados (ao inferno). Vejo que tudo

---
[1] Oração recitada no dia 1º de março de 1379, em Roma.
[2] O termo "sensualidade", usado por Catarina, indica toda a parte sensível da pessoa humana, enquanto perturbada pelo pecado original e inclinada ao pecado.

isso acontece porque a pessoa está privada de luz, nem conhece tua compaixão para conosco. Mostras, assim, que tua compaixão de nada valerá ao homem, se ele mesmo não se compadecer. Também mostras que criaste o homem sem o homem, mas que, sem ele, não o salvarás.

Pai misericordioso e compassivo! Queres que o homem conheça tua compaixão sem limites para conosco e, assim, aprenda a ser compassivo. Em primeiro lugar, para consigo mesmo, em segundo lugar, para com o próximo, conforme diz o glorioso Paulo: "Toda caridade começa por si mesmo". Queres que o homem considere a tua compaixão, liberte-se da própria crueldade e tome o alimento que nutre e dá a vida.

Deus eterno, Chama e Abismo de amor! Teu olhar está sobre nós. Deste ao homem a inteligência para compreender que colocas sobre ele um olhar de compaixão e misericórdia, ou de justiça, conforme seu modo de agir. Isso mostra claramente que todo o mal provém de não se possuir a iluminação (da fé), e todo o bem, de possuí-la, pois ninguém pode amar o que não conhece, e nada pode ser conhecido sem essa iluminação.

Ó Deus eterno e compassivo! Tem compaixão e misericórdia de nós. Somos cegos, sem nenhuma luz. Sobretudo eu, mísera miserável, motivo pelo qual sempre fui cruel para comigo mesma. Considera as necessidades do mundo e socorre-o com o mesmo olhar que nos criou e a todas as coisas. Do nada nos deste o ser; ilumina, pois, esse ser que te pertence. Na hora certa, deste-nos a luz dos apóstolos. Suscita neste tempo, em que tanto necessitamos, um (novo) Paulo que ilumine o mundo inteiro. Encobre e disfarça o olhar da tua justiça com o véu da misericórdia; abre (sobre nós) um olhar de compaixão. Envolve-te com a corrente do amor e aplaca tua ira contra o mundo.

Doce e suave Luz, Princípio e Fundamento da nossa salvação! Em tua luz, viste nossas necessidades; nessa luz conhecemos tua bondade e a amamos. Ó união e vínculo do Criador com a criatura, da criatura com o Criador, tu amarraste a criatura com o cordão do amor; em tua luz, deste-lhe a luz. Ao pensar em ti com o desejo de te conhecer, a criatura te conhece, pois tua luz penetra na alma, que, voluntariamente, se abre. Tal luz encontra-se à soleira da porta da alma e penetra no instante que a porta se abre, à semelhança do sol, que bate numa janela fechada e logo entra na casa, tão logo a janela se abra. É necessário, pois, que a alma deseje conhecer; tal desejo abre o olhar da inteligência, e tu, Sol verdadeiro, entras na alma e a iluminas.

Depois que entras na alma, que fazes dentro dela, ó Luz incomparável? Afastas as trevas e iluminas; destróis a frialdade do amor-próprio e ali deixas a chama do teu amor; tornas livre o coração. Na tua luz, a alma reconhece quanta liberdade nos deste, livrando-nos da escravidão do demônio, na qual a humanidade se encontrava por crueldade própria. A pessoa passa, então, a odiar a fonte dessa crueldade, que é uma compaixão para consigo mesma; torna-se compassiva com a racionalidade e exigente com a sensualidade, fechando-lhe as faculdades: fecha a memória aos pecados do mundo e aos prazeres vãos, afastando voluntariamente a recordação de tais coisas e abrindo a mesma memória, com solicitude, às lembranças dos teus favores; fecha a vontade, para que nada ame fora de ti, para que te ame acima de todas as coisas, tudo ame segundo teu agrado e somente a ti siga. Depois disso, o homem fica realmente compassivo para consigo mesmo e para com o próximo, dispondo-se a dar a vida pela salvação das almas. Com prudência, exercerá a compaixão em tudo, tendo compreendido com que prudência realizaste em nós os teus mistérios.

Ó Luz (divina), tornas o coração sincero, sem duplicidade, aberto, altruísta, capaz de acolher a todos na afeição da caridade.

Dotada de uma caridade bem-ordenada, a pessoa procura a salvação de todos. Como não existe iluminação sem prudência e sabedoria, tal pessoa está disposta a entregar seu corpo à morte em favor da alma alheia, não, porém, a entregar a alma ao pecado, pois ao homem não é lícito cometer o menor pecado para salvar o mundo inteiro, caso tal coisa fosse possível. Em favor de uma criatura, que nada é, não é lícito ofender ao Criador, sumo bem. Mas, em favor do próximo, aquela pessoa põe à disposição todos os seus bens materiais. A ninguém é fingida. Todos a podem conhecer, pois não se mostra uma no rosto e na palavra, e outra no coração. Despojou-se realmente da velha roupagem (da vontade própria) e revestiu-se da roupa nova da tua vontade (divina).

Afinal, ó Pai eterno, a nossa crueldade procede de não conhecermos a tua compaixão, manifestada em nosso favor, quando nos remiste no precioso sangue do Filho unigênito.

2. Prece pela Igreja e pelo papa

Ó Pai, volta o olhar da tua compaixão para tua esposa e para teu representante.[3] Esconde este último sob as asas da tua misericórdia. Que soberbos iníquos não consigam prejudicá-lo. A mim, concede derramar gota a gota meu sangue e semear a medula dos ossos no jardim da santa Igreja. Olhando para ti, vejo que nada está oculto a ti. Os que são do mundo não percebem tal realidade, ofuscados que estão pela nuvem do amor-próprio. Se a conhecessem, não seriam tão cruéis com a própria alma. Na tua compaixão, ficariam compassivos.

A iluminação (divina) nos é indispensável. Peço que a concedas a todos os homens. Em Jesus, usaste de compaixão e de justiça:

---

[3] O papa Urbano VI.

justiça no seu corpo, compaixão para com os homens. Bondade infinita, como não se liquefaz o coração dos homens? Como não sai pela boca o meu coração? É porque a nuvem do amor-próprio ofuscou minha mente e não a deixa conhecer tua inefável compaixão. Que pai jamais entregou seu filho à morte por causa de um escravo? Somente Tu, Pai eterno! Nossa carne, assumida pelo Filho, padeceu, e nós – caso o queiramos – aproveitamos os frutos. De modo semelhante, queres que o nosso corpo sofra, para que a alma receba, em ti, os frutos. Ensinamento verdadeiro, pois Jesus dizia: "Eu sou o caminho, a verdade e a vida" (Jo 14,6). Se queremos imitar tua compaixão por obrigação, haveremos de percorrer a estrada que por favor andaste. Ó Verdade eterna, suplico por mim mesma diante de ti. Rogo que exerças tua justiça sobre mim, pois sou cruel com minha alma e compassiva com o corpo.

Pequei, Senhor, tem compaixão de mim!

3. Súplica por todos os homens e pelos discípulos

Ó crueldade santa, que desprezas a sensibilidade neste tempo finito para exaltar a alma na eternidade! Donde vem a paciência? Donde a fé, a esperança, a caridade? Da compaixão, fonte da misericórdia. Quem liberta a alma de si mesma e a prende a ti? A compaixão, que nasce da iluminação. Ó compaixão deliciosa, compaixão unguento! Tu apagas o fogo da ira e a crueldade do homem.

Pai compassivo! Peço que concedas tal compaixão a todos os homens; sobretudo àqueles que me deste para amar com singular afeição. Torna-os compassivos. Tenham perfeita compaixão e perfeita crueldade para destruírem o amor-próprio. Foi sobre tal crueldade santa que parece ter falado teu Filho, quando disse: "Se alguém vem a mim e não odeia o pai, a mãe, os filhos, os irmãos e irmãs, e até sua própria alma, não pode ser meu discípulo" (cf. Lc 14,26). A última exigência[4] parece difícil, mas não o é; as demais[5] são muitas vezes praticadas até pelos servidores do mundo. Ao homem é mais fácil agir contra a natureza do que segui-la. Sendo racional a nossa natureza, devemos seguir a razão.

Verdade eterna! És o perfume superior a todo perfume, a amplidão maior que toda amplidão, a compaixão superior a toda compaixão, a justiça maior que toda justiça. És mesmo a fonte da justiça, que dá a cada um conforme suas obras. Com justiça, permites que o homem maldoso seja insuportável a si mesmo, procurando bens menores do que ele, como os prazeres e as riquezas. Sim, todas as coisas criadas são menores que o homem. Foram feitas para sua utilidade, não para tê-lo como escravo. Tu somente és maior do que nós. Por isso devemos desejar-te, procurar-te e servir-te. Também com justiça fazes o justo saborear, na terra, a vida eterna, com paz e quietude na alma, uma vez que colocou seu amor em ti, verdadeira e suprema quietude. Aos que virilmente percorrem a caminhada desta vida mortal, com justiça e misericórdia concebes a vida eterna. És a infinita bondade, que ninguém pode conhecer plenamente, mas só à medida que concedes; e tanto mais concedes quanto nos dispomos a receber.

Amor dulcíssimo, jamais te amei durante toda a minha vida. Recomendo-te os meus filhos, colocados por ti sobre os meus ombros, a fim de que os despertes. Bem eu, que sempre durmo! Pai compassivo e benigno, acorda-os, e que suas mentes estejam vigilantes junto a ti.

Pequei, Senhor, tem compaixão de mim! Vem, ó Deus, em nosso auxílio; apressa-te, Senhor, em socorrer-nos. Amém.

---

[4] "Odiar" a própria alma.
[5] "Odiar" os parentes próximos.

16
FRAQUEZA DO HOMEM
E FORTALEZA DE DEUS NO HOMEM
(IX – Fraqueza e fortaleza)

Trindade eterna, alta e eterna Trindade, eterna Trindade![1] Tu nos deste o doce e amoroso Verbo. Doce e amoroso Verbo, Filho de Deus, nossa natureza é fraca e inclinada ao mal, mas a tua é forte e totalmente inclinada ao bem. O homem é fraco, porque recebeu uma natureza enfraquecida de seu pai (Adão). Nenhum pai consegue dar ao filho uma natureza que não possui: inclina-se o homem ao mal por causa da rebeldia da carne, rebeldia herdada de seu pai. Todos descendemos e fomos gerados por Adão, nosso pai. Ao afastar-se da tua suprema fortaleza, ele se enfraqueceu; revoltando-se contra ti, achou a rebeldia dentro de si. Ao afastar-se da tua bondade e força, viu-se fraco e inclinado ao mal.

Ó Verbo, eterno Filho de Deus, tua natureza é forte e capaz de fazer o bem, porque a recebeste do teu eterno e poderoso Pai. Ele te deu sua natureza, a divina. Em ti, nenhum mal existe, nem pode existir. A natureza que recebeste do Pai não tolera defeito. Assim sendo, bondoso Verbo, por tua união conosco, fortaleceste nossa fraca natureza. Por causa de tal união, ela foi fortalecida no batismo na força do teu sangue. Quem te segue, revestindo-se do teu ser perfeitamente, torna-se forte e apto a praticar o bem, chegando quase a anular a rebeldia da carne contra o espírito. Sua alma segue exatamente teu ensinamento,

---
[1] Catarina pronunciou esta oração no dia 1º de março de 1379, em Roma.

e o corpo a acompanha no amor. Ao atingir tais alturas, o homem despreza as fraquezas e prazeres terrenos, que antes lhe davam satisfação. E realidades que antes pareciam incômodas e difíceis agora se lhe apresentam como fáceis e agradáveis. Ó Verbo, é bem verdade que destruíste a fraqueza da natureza humana com a força divina, recebida do Pai. E essa força, no-la deste mediante o sangue e teu ensinamento.

Ó sangue eterno! "Eterno", digo, por estares unido à natureza divina. A alma que conhece tua força na luz liberta-se da própria fraqueza. Na luz, mediante o desprezo da própria sensualidade. De outro modo, o homem perde até a luz da racionalidade. Sangue suave, tu fortaleces a alma, tu a iluminas, tu a tornas angélica. Tanta força lhe dás, na chama do teu amor, que inteiramente se esquece de si. Até o corpo percebe o perfume das virtudes. Bem unidos, corpo e alma parecem a ti em tudo o que fazem. Mas tais coisas supõem o desejo santo[2] em contínuo crescimento; se ele diminui, a rebeldia da carne renasce mais viva do que nunca. E tu, Ensinamento verdadeiro, quanta força dás à alma revestida de ti. Ela jamais decai, mesmo diante das adversidades e sofrimentos. De toda batalha sai vencedora. Tu fortaleces a alma que te segue, pois procedes da Fortaleza suprema. Não fosse assim, de nada valeria à alma ter vigor. Infeliz de mim, que jamais te segui, Doutrina verdadeira.[3] Esse é o motivo por que sou fraca e desanimo diante da menor contrariedade.

Pequei, Senhor, tem compaixão de mim!

---

[2] Veja-se a terceira nota da oração n. 3.
[3] Em *O diálogo* (*op. cit.*, p. 78), Catarina afirma que Jesus Cristo, ao ausentar-se do mundo após a ressurreição e ascensão, continuou a ser a "ponte" que nos leva ao Pai mediante sua mensagem, seu ensinamento, sua doutrina.

17
O ENXERTO DE DEUS NA HUMANIDADE
(X – O enxerto)

1. Quem vive em mim e eu nele, esse dá muito fruto

Alta e eterna Trindade, ó Trindade, eterna Deidade, Amor![1] Nós somos árvores de morte e Tu és árvore da vida. Ó Deidade eterna, era de se admirar, na tua luz, o homem como árvore pura, apenas saída de ti, Pureza suprema, na inocência (original). Modelado do limo da terra, assim fizeste o homem, semeado como árvore livre, tendo como ramos as faculdades da alma, ou seja, a memória, a inteligência e a vontade. Fruto da memória é a recordação; fruto da inteligência, o discernimento; fruto da vontade, o amor. Ó árvore pura, plantada por sublime Hortelão!

Mas aquela árvore (das origens) perdeu sua inocência pela desobediência. De árvore de vida, tornou-se árvore de morte. Não mais produzia além de frutos mortais.

Mas tu, alta e eterna Trindade, embriagada de amor e apaixonada pelo homem, quando viste aquela árvore só produzindo frutos mortais, deste-lhe um contraveneno: com o mesmo amor com que a tinhas criado, enxertaste, na árvore humana morta, a tua divindade. Ó doce e suave Enxerto! Sendo a suprema doçura, aceitaste unir-te à nossa amargura; esplendor, à nossa escuridão; sabedoria, à nossa estultice; vida, à nossa morte;

---

[1] Esta oração é do dia 3 de março de 1379, quando exércitos cristãos, inimigos do papa Urbano VI, cercavam Roma, capitaneados pelo antipapa Clemente VII.

infinitude, à nossa limitação. Quem te obrigou a dar a vida ao homem, que tanto te injuriara? O amor! Mediante tal enxerto, a morte morreu.

E contentou-se o teu amor com semelhante união (com o homem)? Não, ó Verbo eterno, quiseste ainda regar aquela árvore com teu sangue, que, com seu calor, a faz germinar. Mas com uma condição: que o homem livremente se enxerte em ti, a ti se una, faça aderir o coração e o afeto, envolvendo o enxerto com as amarras do amor e seguindo o teu ensinamento. Não somos capazes, nem devemos trilhar os caminhos de Deus Pai, porque ele não pode sofrer.[2] Temos de nos conformar e seguir pelos caminhos da dor, torturados por santos desejos. Assim produziremos frutos de vida. Bem se vê que sem nós nos criaste, mas sem nós não nos salvas.

Enxertados em ti, os ramos[3] da nossa árvore produzem frutos: a memória enche-se das recordações dos teus favores, a inteligência espelha-se em ti, para conhecer teu ser e teu beneplácito, a vontade ama e segue o que a inteligência viu e conheceu. Por tal forma, uma faculdade oferece à outra seus frutos. Conhecendo-te mais, melhor o homem conhece a si mesmo e despreza a sensualidade.

2. Os cristãos dos tempos de Catarina

Ó Amor, Amor sem preço! Realidades admiráveis fizeste no homem! Quando ainda era uma árvore de morte, nele enxertaste a vida. Mesmo assim, os homens, por seus pecados, só produzem frutos mortais. Não se enxertam em ti, eterna Vida. Hoje terias de sanar o mundo todo; não o vejo enxertado em ti.

---

[2] Na oração n. 4.3, Catarina afirma que também o Espírito Santo não pode padecer. Veja-se igualmente em *O diálogo* (*op. cit.*, p. 154).
[3] "Ramos" são as faculdades da alma.

Cada um vive na sua sensualidade mortal, ninguém vai à fonte do sangue, para irrigar a própria árvore. A vida eterna está entre nós, ignorantes criaturas, mas é por nós desconhecida.

Ó minha alma cega e maldosa! Onde está o amor? Onde as lágrimas, que deverias derramar na presença do teu Deus, continuamente a te chamar? Onde o arrependimento cordial de árvores agonizantes? Onde os ardentes desejos diante da divina compaixão? Não estão em mim, porque de mim ainda não me despojei. Se houvesse feito isso, se tivesse pelo menos procurado a Deus, sua glória e o louvor do seu nome, pela boca me saltaria o coração e meus ossos destilariam sua medula. Mas jamais pratiquei algo que não fosse fruto de morte. Ainda não me enxertei em ti.

3. Louvores a Jesus Cristo

Como é sublime a iluminação e grande a dignidade da alma verdadeiramente enxertada em ti, ó Amplidão sem medida! A memória nos recorda de que somos obrigados a amar e seguir o ensinamento e as pegadas do Filho unigênito, sob a luz da fé; a inteligência concentra-se e medita, nessa luz, a fim de entender; logo a vontade ama o que a inteligência viu e entendeu. Assim, um ramo passa ao outro o fruto da vida. Mas de onde tiras, ó árvore, esses frutos de vida, sendo tu mesma estéril e morta? Da árvore da vida! Com tuas forças, nenhum fruto produzirás se nela não estiveres enxertada. De ti mesma, nada és.

Ó Verdade eterna, Amor sem preço! Por nós produziste frutos de amor, de iluminação, de obediência; por amor correste, como um apaixonado, para a cruel morte na cruz, enxertando tua divindade em nossa humanidade e no madeiro da cruz, para frutificar. Também a alma perfeitamente enxertada em ti a nada mais se dedica, além da tua glória e da salvação das almas; tornou-se fiel, prudente, paciente.

Envergonha-te, homem, envergonha-te! Pelos teus pecados, privas-te de um grande bem e mereces um grande mal. Tua bondade nada acrescenta a Deus, e tua maldade não o prejudica. Mas ele se alegra, quando sua criatura produz frutos de vida e alcança o prêmio infinito, meta final para a qual a criou.

Pequei, Senhor, tem compaixão de mim!

4. Súplica pelos discípulos

Ó Verdade eterna! Une e enxerta em ti estes teus servidores, dados a mim para que os ame com singular amor. Que eles produzam frutos de vida. Ó Bondade infinita! Vejo que, quando mandas sobre uma alma unida a ti o orvalho da luz sobrenatural, tu lhe dás paz e tranquilidade de consciência. Assim peço que, pela santidade[4] destes servidores, afastes a guerra,[5] as trevas e dês paz e luz à tua esposa. Assim imploro, ó Deus compassivo, benigno e bom.

Pequei, Senhor, tem compaixão de mim!

---

[4] Traduzo com a palavra "santidade" o original "*rugiada*" (orvalho da manhã).
[5] Leia-se em *Vida de Santa Catarina de Sena*, *op. cit.*, o capítulo "Guerra total", p. 83.

18
Maria e a Trindade no dia da anunciação
(XI – No dia da anunciação)

1. Grandezas de Maria

Ó Maria, Maria, templo da Trindade! Maria, portadora do fogo;[1] Maria, mensageira da misericórdia; Maria; germinadora do fruto; Maria, corredentora da humanidade, porque tua carne, ao padecer no Verbo, remiu o mundo: Cristo o remiu pela sua Paixão, tu, com a dor no corpo e na mente. Ó Maria, pacífico mar; Maria, doadora da paz; Maria, terra frutífera! Tu és, Maria, a nova árvore, da qual recebemos, qual perfumada flor, o Filho unigênito de Deus. Em ti, terra ubertosa, o Verbo foi semeado. És a terra, és a árvore. Ó Maria, carro de fogo, transportadora da Chama, escondida e velada sob as cinzas da tua humanidade. Ó Maria, vaso de humildade, em que está e arde a luz do verdadeiro conhecimento. Com ele, tu te sobrelevaste e agradaste ao Pai eterno. Por isso, ele te arrebatou e atraiu a si, amando com peculiar amor.

Com essa luz e chama de amor, e com o óleo da humildade, inclinaste e atraíste a Divindade a vir a ti, embora antes Deus se dispusesse a descer até nós pela sua ardentíssima chama de amor e inestimável caridade.

---

[1] Esta belíssima oração a Maria foi feita por Catarina no dia 25 de março de 1379, em Roma.

2. Prudência de Maria diante de Gabriel

Ó Maria, cheia da luz divina, tu não foste insensata, mas prudente (cf. Mt 25,2). Com prudência, interrogaste o anjo sobre como seria possível o que ele anunciava (Lc 1,34). Não sabias, por acaso, que aquilo era possível ao Deus Todo-poderoso? Por certo, sem nenhuma dúvida. Por que dizias, então: "Pois não conheço homem" (Lc 1,34)? Não porque te faltasse a fé; mas por causa da tua profunda humildade, ao te julgares indigna. Não por duvidares de que a mensagem fosse possível a Deus.

Foi por medo, Maria, que ficaste perturbada ante a palavra do Anjo? Considerando na fé, parece-me que não te perturbaste por medo, ao demonstrar certa admiração e embaraço. De que te maravilhavas, então? Por conhecer a grande bondade de Deus! Pensando em ti mesma, achavas-te indigna de tão sublime graça e ficaste atônita. Ao interrogar o anjo com prudência, revelas tua grande humildade. Não sentiste medo, mas admiração diante da desmedida bondade e amor de Deus, diante da pequenez da tua virtude.

3. Um olhar ao mistério da encarnação

Hoje,[2] ó Maria, te transformaste no livro em que foi escrita a nossa norma. Em ti, hoje, foi escrita a sabedoria do Pai eterno. Em ti se manifestaram, hoje, a força e a liberdade do homem. Afirmo que se revela a dignidade do homem, porque vejo que em ti, Maria, o Espírito Santo inseriu a Trindade, ao formar em ti o Verbo encarnado, o Filho unigênito de Deus; inscreveu a Sabedoria do Pai, que é o Filho; inscreveu o poder do Pai, capaz de realizar em ti tão grande mistério; inscreveu a

---

[2] Dia da anunciação.

clemência do Espírito Santo, pois, unicamente por sua graça e clemência, tal mistério foi preparado e realizado.

4. A decisão trinitária de remir os homens

Ó Trindade eterna! Quando considero teu grande desígnio, na tua luz eu vejo a dignidade e nobreza dos homens. O mesmo amor que te levou a criar o homem te fez remi-lo depois da queda. Ao criar o homem somente por amor, revelaste que o amavas antes de existir. Maior amor revelaste, porém, ao dar a ti mesmo a ele, ao fechar-te no vil invólucro da sua natureza. Que mais lhe podias dar, além de ti mesmo? Com razão perguntas: "Que podia ou devia eu fazer, que não fiz?" (Is 5,4).

Na grande e eterna decisão, tua sabedoria pensou o que se devia fazer para a salvação dos homens; tua clemência o quis; teu poder o realizou hoje (na anunciação). Naquela decisão, Trindade eterna, concordaram a respeito da nossa salvação o teu poder, a tua sabedoria, a tua clemência. Naquela eterna decisão, tua grande compaixão decidiu usar de misericórdia para com o homem, que havias criado.

Ó Trindade eterna, querias dar ao homem o dom da vida sem fim, pois o havias criado para participar e gozar de ti. A isso opunha-se a justiça, alegando, naquele grande conselho, que, se a misericórdia te pertence, o mesmo acontece com a justiça. Sendo eterna, a justiça (divina) não deixa impune nenhum pecado, como não se omite de remunerar toda boa ação. Por si mesmo, o homem não podia salvar-se, incapaz que era de dar-te a satisfação da culpa cometida.

Que solução encontraste, Trindade eterna, sendo, ao mesmo tempo, misericordioso e justo com os homens? Oh! Eis a solução: decidiste dar-nos teu Filho unigênito. Assumiria a carne que te ofendera, padeceria como homem, daria satisfação à tua justiça, não pela força da natureza humana, mas da Divindade que a ela se unira. Cumpriu-se tua vontade: a justiça foi satisfeita, mas também a misericórdia.

5. Força e liberdade humanas na anunciação

Ó Maria, vejo que o Verbo, dado a ti, em ti está sem separar-se do Pai. Como uma palavra que a pessoa tem na mente; uma vez proferida e pronunciada aos outros, ela não se aparta do coração. Tais coisas revelam a dignidade humana, em favor da qual Deus realizou tantos e tão grandes benefícios. Neste dia, ó Maria, revelaram-se em ti a força e a liberdade da pessoa humana.

Após a decisão daquele grande conselho (trinitário), o anjo (Gabriel) foi enviado para anunciar-te a resolução divina e consultar tua vontade. O Filho de Deus não desceu ao teu seio, antes que voluntariamente o aceitasses. Ante a porta da tua vontade, ele aguardava que a abrisses, pois desejava entrar. Jamais o teria feito se não aceitasses abrir, dizendo: "Eis a escrava do Senhor, faça-se conforme tua palavra" (Lc 1,38).

Sim, revelaram-se a força e a liberdade do homem, pois, sem o concurso da vontade, nenhum bem ou mal se faz. Demônio, ou criatura alguma, pode obrigar a vontade ao pecado mortal, contra seu querer. Nem pode ela ser constrangida a fazer o bem. A vontade humana é livre. Contra seu querer, ninguém a leva ao bem ou ao mal.

Ó Maria, a Divindade batia à tua porta. Se não patenteasses a entrada de tua vontade, Deus não se teria encarnado em ti.

E tu, minha alma, comove-te ao pensar que, hoje, Deus se aparentou contigo em Maria. Ele te fez ver, hoje, que, embora tenhas sido criada sem a tua colaboração, sem ela não te salvarás. Deus bate à porta da vontade de Maria, e espera que ela a abra.

Ó Maria, meu dulcíssimo amor, está gravada em ti a Palavra, da qual recebemos a vida. Tu és a cátedra que nos ensina. Mas vejo que essa Palavra, escrita em ti, não fica um instante sem a cruz do desejo santo. Logo após a concepção, nela se insere e enxerta o desejo de morrer pela salvação dos homens, razão pela qual se encarnara. Muito lhe custou suportar, durante longos anos, tal desejo, pois queria vê-lo realizado imediatamente.

6. Súplica pela Igreja e pelo papa

Ó Maria, recorro a ti e apresento meu pedido pela doce esposa de Cristo, teu Filho muito amado; e, também, pelo seu representante na terra. A este seja dada a luz (divina), para que, com discrição, tome as decisões necessárias para a reforma da santa Igreja. Que o povo cristão se una. Que o coração dos cristãos se conforme ao coração do seu guia e jamais se revolte contra ele.

Ó Deus eterno, parece-me que fizeste dele[3] uma bigorna, na qual cada um bate com a língua e com as obras, quanto pode.

Rogo, igualmente, por aqueles que puseste nos anseios do meu particular amor; acende o coração deles, para que não sejam carvões apagados, mas brasas ardentes de amor a ti e ao próximo. Que, no tempo da necessidade, eles tenham suas barcas bem fornecidas, para si mesmos e para os outros. Imploro por eles, embora nenhum bem eu lhes faça, mas somente o mal, pois não sou para eles um espelho de virtudes, mas de muita maldade e negligência.

No dia de hoje, dirijo-me a ti com ousadia, ó Maria, porque é um dia de graças, e eu sei que a ti nada é recusado (por Deus). Hoje, Maria, teu solo germinou para nós o Salvador.

---

[3] O papa Urbano VI.

Pequei, Senhor, durante todo o tempo da minha vida.

Pequei, Senhor, tem compaixão de mim, dulcíssimo e inestimável Amor!

7. Prece final a Maria

Ó Maria, bendita sejas entre todas as mulheres para sempre, pois hoje nos deste da tua farinha. Hoje a Divindade se uniu e se mesclou com nossa natureza tão fortemente, que tal união jamais poderá ser desfeita. Nem pela morte, nem por nossa ingratidão. A Divindade sempre se conservou unida (à natureza humana), mesmo quando o corpo (de Jesus) estava no sepulcro, e sua alma, no limbo. Foi um parentesco tão decisivo e estreito, que nunca acabou (na terra) e que, pela eternidade, jamais se dissolverá. Amém.

19
VALOR DO SOFRIMENTO NA REFORMA DA IGREJA
(XII – A força da Paixão)

1. A Paixão nos revela o amor de Deus por nós

Ó Deus eterno, alta e eterna Grandeza![1] Tu és grande e eu sou pequenina. Tal pequenez não me permite alcançar as tuas alturas, a não ser quando o afeto e o pensamento me elevam acima do baixo nível da minha humanidade, e te conhecem na iluminação, que, na tua luz, me deste. Mesmo assim, quando considero tua grandeza, toda elevação alcançada em ti por minha alma assemelha-se a uma escura noite colocada ante a luz do sol; ou assemelha-se à luz da lua ante a luz solar. Sendo eu a pequenez mortal, não consigo elevar-me até a tua grandeza imortal. Saboreio-te na afeição do amor, mas, na tua essência, não consigo ver-te. Bem disseste que o homem, nesta vida, não pode ver-te (cf. Ex 33,18-20). Quem vive na sensualidade e no amor-próprio não consegue ver-te na afeição da caridade; quem vive de acordo com a razão chega a conhecer-te, mas não na tua essência, nesta vida mortal. Realmente, minha pequenez não consegue atingir a tua grandeza. Saboreio-te, vejo-te num espelho. É um conhecimento na perfeita caridade, vejo perfeitamente a afeição do teu amor. Mas a tua essência não vejo.

Quando, estando neste corpo mortal, conheci "a afeição do teu amor", embora não na medida dos bem-aventurados

---
[1] Catarina disse esta oração no dia 27 de março de 1379, que era o Domingo da Paixão (*Vida de Santa Catarina*, op. cit., p. 73).

(no céu)? Ao chegar o momento (da encarnação), na plenitude do tempo sagrado (Gl 4,4), no tempo favorável (2Cor 6,2), que minha alma reconheceu anunciado na tua iluminação; quando veio ao mundo o grande Médico, teu Filho unigênito; quando o Esposo uniu-se à esposa, isto é, o Deus Verbo, à nossa humanidade. União, feita por meio de Maria, que deu a Jesus sua natureza humana.

No entanto, esse amor e essa união permaneciam ocultos, poucos os conheciam. Não se conseguia compreender, ainda, sua sublimidade. Para que o homem chegasse ao perfeito conhecimento do teu amor na tua luz, faltava a Paixão de Cristo. Foi então que a chama, oculta na cinza (da natureza humana), começou a manifestar-se em amplidão e força, pelo lado aberto[2] do corpo santíssimo (de Jesus) no madeiro da cruz.

2. Catarina dirige-se ao Crucificado

Para atrair a afeição da alma para as realidades do alto, para que a inteligência pensasse no fogo (do amor), tu, Verbo eterno, quiseste ser elevado na cruz, e no sangue revelaste o teu amor. No sangue, mostraste a tua misericórdia e generosidade. No sangue, ainda, fizeste ver quanto te ofende e quanto pesa o pecado humano. No sangue, lavaste o rosto da tua esposa, a alma, com a qual te unes pela presença da Divindade em nossa natureza humana; no sangue, tu a revestiste, pois andava despojada. Com tua morte, deste-lhe a vida.

---

[2] Em *O diálogo*, é descrita a caminhada do cristão em direção ao perfeito amor, como subindo ao céu pelo corpo de Jesus crucificado. A primeira etapa é colocada nos pés de Cristo. Durante longos anos, caminha-se no duplo amor: por Deus e pelo próximo. A segunda etapa consiste em ter uma real experiência do amor de Jesus pelo Pai e pelos homens, sendo preciso penetrar na caverna do lado aberto do Crucificado e descobrir o seu segredo mais profundo. A terceira etapa acontece quando o cristão, já perfeito, chega à boca do Crucificado e torna-se apóstolo da mensagem salvadora do mundo.

Paixão desejada! Não, porém, conforme dizes, ó Verdade eterna, por quem está apegado a si mesmo e não a ama. Ama-a somente aquele que se despojou de si mesmo e revestiu-se de ti, elevando-se na luz, para conhecer a perfeição do amor.

3. Hino de louvor à Paixão de Cristo

Ó agradável e serena Paixão! Na tranquilidade da paz, fazes a alma deslizar por sobre as ondas do mar tempestuoso. Prazerosa e doce Paixão, riqueza da alma, consolo dos aflitos, alimento dos famintos, porto e paraíso da alma, nossa alegria verdadeira, nossa glória e beatitude. Quem se gloria de ti atinge o prêmio (eterno). Que pessoa é essa? Não a que sujeita sua razão à sensualidade, olhando apenas para as coisas terrenas.

Ó Paixão, tu afastas as enfermidades uma por uma; mas só quando o doente quer de fato ser curado, pois o teu dom não substitui nossa liberdade. Paixão, que até aos mortos dás vida! Quando a alma adoece pelas tentações do demônio, tu a libertas; se é perseguida pelo mundo ou atormentada pela fraqueza pessoal, tu lhe és um refúgio. Em ti a alma compreende o comportamento de Jesus, na sua dor infinita, e compreende que ele saboreou a perfeição do amor divino. Em ti, (Jesus) quer alcançar a verdade, quer inebriar-se e consumir-se no amor divino, através da debilidade. Debilidade aparente, devida à nossa fraqueza humana, que padecia, mas de altíssima grandeza pelo mistério da Divindade. Com esta, ele se eleva às alturas do divino e chega ao fim, de outra maneira inatingível.

Ó Paixão! Quem repousa em ti morre para a sensualidade e saboreia a afeição do amor. Que suavidade experimenta a alma que penetra nesse invólucro,[3] no qual encontra a luz e a chama

---

[3] "Invólucro", aqui, é a natureza humana de Jesus, que esconde a Divindade, como a casca da árvore esconde o cerne.

do amor, na admirável união da Divindade com a nossa humanidade. Ela vê a humanidade (de Jesus) partir; a Deidade, não.

4. O sofrimento como caminho para Deus

Ó minha alma, contempla o Verbo encarnado, como que envolto em uma nuvem. Na sua obscuridade, tal nuvem não diminui a Divindade. Ela apenas envolve o resplendente Sol divino, da maneira como, às vezes, o céu fica embaçado de nuvens. Como se explica isso? É que, depois da Paixão, a Divindade permaneceu no corpo de Jesus, e, com a ressurreição, sua humanidade tornou-se luminosa. O que era mortal ficou imortal.

Ó Paixão! Tu ensinas o caminho que o homem deve trilhar. Erram os que escolhem os prazeres e deixam os sofrimentos. Ninguém vai ao Pai senão pelo Filho (cf. Jo 14,6). E a ti, Filho, não seguimos sem demonstrar amor ao sofrimento. Quem recusa a dor forçosamente terá de sofrer; e quem, na iluminação divina, aceita o sofrimento nada sofrerá. Isto, à semelhança de Jesus, cuja divindade não sofreu, porque ele voluntariamente aceitou a dor.

5. O mistério da Paixão

Tu nos manifestas, ó Deus, que, depois daquele tempo aceitável da Paixão do Filho, na iluminação da graça, os homens podem conhecer o amor. Com tal iluminação durante esta vida mortal, iremos ver tua essência na eternidade. É pelo teu rebaixamento na Paixão que conhecemos tua grandeza. Teus mistérios não diminuem, são sublimes; falo do rebaixamento da Paixão na pequenez da humanidade (de Cristo).

Ó Deus bondoso e eterno, Sublimidade infinita! Devido às trevas do pecado, éramos incapazes de elevar nossa mísera afeição e nosso pensamento até a tua grandeza. Mas tu, sublime Médico, colocaste diante de nós o Filho, como uma isca em sua humanidade. Então, não pela força da humanidade, mas da Divindade, pescaste o homem e prendeste o demônio. Ao rebaixar-te, sublimaste o homem; saturando-te de opróbrios, tornaste o homem feliz; ao padecer a fome, tu o saturaste de amor; perdendo a vida, tu o revestiste da graça; suportaste a vergonha e ao homem atribuíste o louvor; na obscuridade da natureza humana (de Cristo), iluminaste o homem; com os braços abertos (na cruz), tu o abraçaste. Construíste, no peito de Jesus, uma caverna,[4] onde o homem pudesse refugiar-se dos inimigos e conhecer o teu amor. Nessa caverna revelaste a tua intenção de conceber aos homens mais do que permitia uma realidade finita. Ali o homem achou o lavacro para purificar-se da lepra do pecado.

6. Catarina reza pelo mundo do seu tempo

Ó prazeroso Amor, Chama e Abismo de amor, Altura inatingível! Quanto mais contemplo tua magnitude na Paixão de Cristo, mais me envergonho de minha pobre alma. Sempre fui muito ativa quanto à sensualidade,[5] mas morta para a racionalidade. Agradeço-te por iluminares meu entendimento, bem como o entendimento dos meus filhos[6] e de todos os homens.

Ó Deidade, meu amor! Uma coisa eu te peço. Quando o mundo jazia enfermo, enviaste-lhe o teu Filho como médico, e o fizeste por amor; agora, vejo o mundo inteiramente morto. Que fazer para ressuscitá-lo, se és o Deus que não pode sofrer e

---

[4] Veja-se o que foi dito anteriormente, na segunda nota desta oração.
[5] O termo "sensualidade" (veja-se a segunda nota da oração n. 15), em Catarina, não tem a conotação de impureza que lhe damos hoje.
[6] Nas linhas que seguem, podemos perceber qual a orientação que Catarina dava aos seus discípulos, procurando fazer deles super-reformadores da Igreja e do mundo.

não mais virás ao mundo para remi-lo, mas para julgar? Como é possível, hoje, dar vida ao mundo?

Bondade infinita! Creio que não te faltem os meios, pois sei que não te falta o amor. Nem o teu poder se enfraqueceu, tua sabedoria não diminuiu. Bem sei que tu queres, podes e sabes dar o remédio (para o mundo). Suplico, pois, se for de tua vontade, que me reveles qual é esse remédio e que dês à minha alma a coragem de usá-lo virilmente. Sei que teu Filho virá em majestade a julgar, mas sei também que dás o nome de "cristos" aos teus servidores, e que, por meio deles, queres afastar o mundo da morte e dar-lhe a vida. De que modo? Percorrendo eles os caminhos de Jesus, com empenho e desejo da tua glória e da salvação das almas. Suportem com paciência as dores, tribulações, ofensas e censuras, venham de onde vierem. Mediante tais sofrimentos finitos, queres criar seus infinitos anseios, quero dizer, escutar seus pedidos e realizar os seus desejos. Se não existir tal anseio, o sofrimento corporal seria insuficiente, tanto para o bem deles mesmos como dos outros. Também a Paixão de Cristo não teria salvado o gênero humano, sem a virtude da Divindade.

Ó Médico boníssimo! Dá-nos, então, semelhantes "cristos", que vivam em contínuas vigílias, lágrimas e preces pela salvação do mundo. Tu os chamas de "cristos" porque se assemelham ao teu Filho. Que não sejamos maldosos, cegos e frios, de olhar obscurecido, incapazes de conhecer a nós mesmos. Que conheçamos a ti.

Pequei, Senhor, tem compaixão de mim!

7. Agradecimento final

Agradeço-te, agradeço-te! Confortaste a minha alma, revelando-me a maneira de conhecer tua grandeza enquanto moro neste corpo mortal e indicando-me o remédio que preparaste para libertar o mundo da morte. E tu, minha alma, não continues a dormir, como fizeste em toda a tua vida. Ó Amor sem preço! Tudo poderão os sofrimentos corporais, contanto que sejam fortalecidos pelo desejo santo e que este último procure a força do teu amor. Ó minha infeliz alma, que não procuras a luz, mas as trevas. Liberta-te, liberta-te das trevas! Desperta-te, abre o olhar do teu ensinamento e contempla o abissal abismo da caridade divina. Se não o vires, não poderás amar. Quanto vires, tanto amarás. E, no amor, cumprirás e assumirás a vontade de Deus.

Pequei, Senhor, tem compaixão de mim!

20
MISTÉRIOS DE DEUS, QUE REDIME
(XIII – Cristo, nossa ressurreição)

Ó Ressurreição nossa, ó Ressurreição nossa![1] Alta e eterna Trindade, desentranha a minha alma. Redentor e Ressurreição nossa, Trindade eterna! Fogo, que sempre queimas, sem jamais te extinguir e apagar, mesmo que o mundo inteiro te renegue. Luz, que ilumina e na qual enxergamos. Na tua luz eu vejo. Sem ela, nada consigo entender, pois tu és aquele que é, e eu aquela que nada é. Na tua luz conheço minhas necessidades, as necessidades da tua Igreja e do mundo todo. Por isso te imploro: desentranha a minha alma pela salvação do mundo. Por mim mesma, nenhum fruto (bom) posso produzir; mas sim no teu amor, que realiza todo o bem. É no abismo do teu amor que o homem se salva e torna-se útil aos demais.

Ó Trindade eterna! A tua Deidade agiu através da nossa natureza, tendo como instrumento a humanidade de Cristo. Mediante ações finitas em nossa natureza, fizeste algo infinitamente útil para nós. Não na força do humano, mas do divino. Ó Trindade eterna! No poder da tua divindade foram criadas todas as coisas que existem, e qualquer força espiritual ou temporal que há no homem de ti procede. Mas é verdade, porém, que é tua vontade que o homem trabalhe sobre as coisas com seu livre-arbítrio.

Trindade eterna, Trindade eterna! Na tua luz o homem compreende que és o jardim supremo e eterno, repleto de flores

---
[1] O pensamento inicial desta oração faz pensar que Catarina a pronunciou logo depois da Páscoa de 1379, talvez no dia 14 de abril.

e frutos. És a flor da glória, com a qual glorificas a ti mesmo, para ti mesmo produzindo frutos. Tudo isso, de nenhum outro recebes. Se fosse assim, já não serias eterno e todo-poderoso, pois quem te desse algo não procederia de ti. Não! Para ti mesmo tu és a glória e o fruto. Os frutos que existem no homem, de ti procedem. De ti o homem recebe até o modo de produzi-los.

Pai eterno, antes da criação o homem já se encontrava no seio do teu jardim. Da tua mente santa o tiraste como uma flor, com três faculdades na alma. Em cada faculdade, puseste seiva, para que produzíssemos fruto no teu jardim, e, com o fruto, retornássemos a ti. Virias à alma, então, a fim de enchê-la da tua beatitude, permanecendo nela como o peixe no mar e o mar no peixe.[2] Deste ao homem a memória, com que reteria teus favores, daria glória ao teu nome e frutos para si mesmo; deste-lhe a inteligência para compreender tua verdade e tua vontade, que apenas quer a nossa santificação, pela qual produzimos a flor da glória e os frutos da virtude; deste-lhe a vontade, com que iria amar tudo o que a inteligência apreendesse e a memória retivesse.

Ó Trindade eterna! Contemplando na tua luz, vejo que, pelo pecado, o homem perdeu a flor da graça. Já não estava apto a glorificar-te na maneira e finalidade por ti estabelecidas, ao criá-lo. Pela culpa, já não receberia o prêmio (eterno), conforme estabelecera tua sabedoria. Fechara-se o jardim, nele os homens não mais colheriam teus frutos. Enviaste, então, teu Filho como porteiro, o Unigênito. A ele entregaste a chave da Deidade, sendo mão a humanidade. Uniste as duas naturezas para abrirem o portal da graça. A natureza humana (de Adão) o havia fechado com o pecado, por isso a Divindade não poderia abri-lo sem a humanidade. Nem a humanidade

---

[2] Esta expressão do "peixe no mar e do mar no peixe" ocorre também em *O diálogo* (*op. cit.*, p. 25 e 235).

o poderia fazer sozinha, pois seria uma obra finita, enquanto a culpa fora cometida contra o Bem infinito. O castigo deveria seguir imediatamente a culpa. Não havia alternativa.

Porteiro bondoso, Cordeiro humilde! És o hortelão que abre as portas do céu e nos dá flores e frutos da eterna Deidade. Entendo, com certeza, a verdade das tuas palavras, quando apareceste aos dois discípulos (de Emaús), afirmando que o Cristo devia sofrer e, por meio da cruz, entrar na glória. Indicavas a eles que sobre isso haviam profetizado Moisés, Elias, Isaías, Davi e os demais profetas. Explicavas a eles as Escrituras, mas não te entendiam. Suas inteligências estavam enevoadas. Mas tu bem o sabias. Qual era a tua glória, bondoso e amoroso Verbo? Tu mesmo. Para que ela entrasse em ti, era preciso que sofresses. Amém.

21
A FALTA DE AMOR MÚTUO É CONTRA A NATUREZA
(XVII – A divina imagem)

Ó homem ingrato! Alta e eterna Trindade, Amor incompreensível,[1] Pai eterno! Afirmas que a pessoa olha para si mesma, em si mesma te encontra, porque foi criada à tua imagem: o homem possui a memória para reter os teus favores, participando, assim, do teu poder; possui a inteligência para conhecer-te e conhecer tua vontade, participando da sabedoria de Nosso Senhor Jesus Cristo, teu Filho unigênito; possui a vontade para te amar e participar da clemência do Espírito Santo. Assim, não apenas criaste o homem à tua imagem e semelhança, mas, de certo modo, existe em ti uma semelhança do homem, e no homem uma tua semelhança.

Ó Deus, Deus eterno! Não te conheci em mim, nem me conheci em ti. Nisso consiste a ignorância das pessoas que te ofendem. Se bem conhecessem, não deixariam de amar a Deus.[2] Seu erro procede da falta de iluminação da graça, e tal ausência procede do amor-próprio. A semelhança dos homens entre si é tão grande que, não tendo amor mútuo, afastam-se da própria natureza.

---

[1] Oração feita em Roma, no dia 12 de agosto de 1379.
[2] Por uma distração de caráter literário, Catarina, ou o seu secretário, esqueceu-se de usar o pronome "te", e usou a palavra "Deus", com quem ela estava falando.

22
SOMENTE JULGAR NO ABISMO DO AMOR DIVINO
(XVI – A vida que vence a morte)

Deidade eterna, dissolve o laço de união do meu corpo (com a alma), a fim de que eu possa ver a verdade, pois agora a memória não consegue compreender-te, nem a inteligência conhecer, nem o afeito amar quando ocorre.[1]

Ó natureza divina, que ressuscitas os mortos e, sozinha, podes dar a vida, quiseste unir a ti a natureza humana morta, para dar-lhe a vida. Ó Verbo eterno, de tal maneira uniste a ti a natureza mortal, que de nenhum acontecimento foi possível separá-la: na cruz, a natureza mortal padecia, mas a natureza divina lhe dava vida; por isso, ao mesmo tempo, eras feliz e sofredor; mesmo no sepulcro não se separou uma natureza da outra.

Ó Pai eterno, dizes que revestiste o Verbo com a nossa natureza, para que esta satisfizesse por nós. Ó inefável Misericórdia, castigaste o próprio Filho natural por causa da culpa do filho adotivo; e Ele não somente suportou a pena da cruz no seu corpo, mas também o angustiante desejo da alma.

Ó Pai eterno, como são profundos e inefáveis os teus juízos! Os homens estultos não os compreendem: julgam tuas ações e as ações dos teus servidores pelas aparências, não conforme o profundo abismo do teu amor ou a riqueza do amor que infundiste nos teus servidores.

Homem maldoso e irracional! Deus te fez homem; por que te mudas numa fera? Por que, pior ainda, te mudas numa

---
[1] Esta oração parece ter sido pronunciada no dia 16 de agosto de 1379, em Roma.

nulidade? Julgas bestialmente. Não sabes que os bestiais são mandados para as penas eternas? Nestas, o homem se reduz a nada, não no referente ao ser, mas à graça, que aperfeiçoa o ser natural; de fato, uma coisa privada da sua perfeição pode ser dita um nada.

Dado a nós pelas mãos de Maria e revestido da natureza de Maria, o Verbo eterno assumiu nossa natureza sem a mancha do pecado original. Sua concepção não foi obra de homem, mas do Espírito Santo. Isto não aconteceu em Maria, pois ela se originou da massa de Adão, por obra humana, não por obra do Espírito Santo. E, como aquela massa (adâmica) estava toda manchada e corrompida, por isso não se podia infundir aquela alma numa matéria incorrupta, nem propriamente se podia purificar senão por graça do Espírito Santo. Graça, que o corpo não é capaz de receber, mas somente a alma racional e intelectual. Por tal razão, Maria não pode ser purificada daquela mancha, senão depois que a alma foi infundida no corpo, o que se realizou por reverência ao Verbo divino, que devia entrar naquele receptáculo. Como o forno em poucos instantes consome a gota d'água, assim fez o Espírito Santo com a mancha do pecado original. Depois de concebida, imediatamente (Maria) foi purificada daquele pecado e recebeu uma grande graça. Tu sabes, Senhor, que esta é a verdade.[2]

---

[2] Nos tempos de Catarina, o dogma católico da Imaculada Concepção ainda não tinha sido definido e existia liberdade de discussão, entre os teólogos e fiéis, se Maria estivera ou não sujeita ao pecado original. Catarina, orientada pelos dominicanos de Sena, seguia a opinião de S. Tomás de Aquino.

23

A VERDADE DIVINA EM NÓS
(XV – O dom da verdade)

Verdade, Verdade! Quem sou eu para que me dês a tua verdade?[1] Eu sou a que não sou. Pois a tua verdade é aquela que faz, fala e realiza todas as coisas, não eu. Tua verdade (me) apresenta a verdade, e, com ela, eu digo a verdade. De diversas maneiras, tua verdade transmite a verdade às criaturas, mas ela não se separa de ti, pois tu és a Verdade.

Tu, Filho de Deus, Deidade eterna, vieste de Deus para realizar a verdade do Pai eterno. Ninguém pode possuir a verdade, se não a receber de ti, ó Verdade! E se alguém deseja possuir a tua verdade, é necessário que a possua toda inteira de ti. De outro modo, não possuiria a verdade, pois a verdade não tolera falhas. É assim que a possuem os bem-aventurados, que veem tua verdade perfeitamente, sem deficiência, na visão eterna, ao participarem da visão com que tu mesmo vês. Tu és a própria luz, com a qual vês e és visto pelas criaturas, nem existe, entre ti e a alma que te vê, qualquer mediação, que te represente diante dela. Ao gozar de ti, os bem-aventurados gozam da luz e do meio com que és visto, pois tu sempre és aquela luz, mediação e objeto de que participam na união contigo. A tua visão e a visão das criaturas é uma única realidade, embora um veja mais perfeitamente e outro menos perfeitamente. Isso acontece pela diversidade dos que veem, não pela diversidade da tua visão. É como uma pessoa que, nesta vida, achando-se em estado de graça, recebe a verdade por meio da fé. Na fé ela

---
[1] Acredita-se que esta oração foi feita por Catarina no mês de agosto de 1379.

vê que as verdades ensinadas pela Igreja são verdadeiras. Sendo diferentes (entre si), conforme a variedade das disposições de cada uma, as pessoas acolhem tais verdades de diversos modos, com maior ou menor perfeição. Nem por isso, porém, diversifica-se a fé, que continua a mesma em todos. Também nos bem-aventurados, a visão (de Deus) é a mesma, mas acolhida mais ou menos perfeitamente pelas diferentes pessoas, como se disse. Amém.

24
Cristãos perseguidores da Igreja
(XVIII – Luz e trevas)

Ó Deidade, Deidade-amor! Que posso dizer de ti?[1] Tu és a Verdade das verdades! Mas eu nada sei dizer sobre a verdade; somente sei sobre as trevas, porque não segui o Crucificado. Segui e conheci apenas as trevas. Bem sei: quem conhece as trevas não conhece a Luz. Eu não segui a Luz, segui as trevas. Não conheci a Luz com perfeição. Fala-me sobre a verdade da tua cruz, e eu escutarei.

Tu dizes que alguns são perseguidores do fruto, produzido pela árvore da cruz. Tu és esse fruto, ó Verbo unigênito, Filho de Deus. Levado por desmedido amor, tu te enxertaste em duas árvores: primeiramente na (árvore da) humanidade, para nos revelar o ser invisível do Pai eterno; em segundo lugar, enxertaste o teu corpo na árvore da santa cruz, na qual não te retiveram os cravos, ou qualquer outra coisa, mas somente o desmedido amor por nós.

Tudo isso fizeste para manifestar a vontade do Pai, que só quer a nossa salvação. Daquele enxerto brotou teu sangue, donde nos veio a vida pela união com a natureza divina. Na virtude do sangue, somos purificados do pecado em teus sacramentos, guardados na despensa da santa Igreja, estando suas chaves e vigilância entregues ao teu representante na terra (o papa). Tais coisas não são conhecidas e compreendidas pelos

---

[1] Esta oração foi feita por Catarina, sem dúvida alguma, durante o ano de 1379, quando rebentava, nas vizinhanças de Roma, a rebelião guerreira de cardeais e senhores contra o papa Urbano VI.

homens, sem a tua iluminação, que instrui a inteligência, parte mais nobre da alma.

Essa iluminação é concebida pela virtude da fé, dada a cada cristão mediante o sacramento do batismo, quando infundes (na alma) a luz da fé e a graça. Esta última purifica a alma do pecado original contraído e (lhe) dá a iluminação suficiente para nos fazer chegar à beatitude final, sob a condição de que não ceguemos os olhos (da alma), iluminados pela graça batismal. Cegamo-nos ao colocar sobre os olhos (da alma) nuvem gélida e úmida do amor-próprio. Então, já não conhecemos a ti, nem a qualquer outro verdadeiro bem; chamamos o bem de mal e o mal de bem; tornamo-nos maldosos e ingratos.

Como consequência, a nós que tínhamos conhecido a iluminação da verdade, a situação torna-se pior, pois um falso cristão é pior do que um infiel, com consequências piores. Ao cristão falso apenas continua mais fácil obter o remédio, pelo pouco de luz que lhe resta. Tais pessoas, meu Senhor, são inimigas do fruto da cruz, que é o sangue. Especialmente os cristãos rebeldes ao teu representante,[2] que detém as chaves da despensa (da santa Igreja), na qual se conservam o sangue (de Cristo) e o sangue de todos os mártires, que, no sangue de Cristo, adquirem o seu valor. Semelhante rebeldia, como qualquer outro pecado, acontece porque essas pessoas perderam a iluminação da verdade, recebida pela fé em ti. Também os filósofos (do passado), embora conhecendo muitas verdades sobre as criaturas, não se salvaram por não terem a fé.

---

[2] Ao falar de "cristãos rebeldes" ao papa Urbano VI, Catarina pensava, certamente, no antipapa Clemente VII, nos soldados de Honorato Gaetani, nos soldados bretões que guarneciam o Castelo de Santo Ângelo, perto do Vaticano, nos soldados da rainha Joana de Nápoles e do seu esposo Otto de Brunswich, os quais se preparavam – sob a responsabilidade dos seus chefes – para o último assalto a Roma.

25
PELO PAPA URBANO VI E PELOS SEUS INIMIGOS
(XIV – Na circuncisão do Senhor)

1. Favores divinos na Festa da Circuncisão

Ó Deus supremo, Amor sem preço, Fogo eterno, que iluminas as mentes humanas e consomes o que existe contrário a ti na alma, aquece minha alma com teu Espírito, no que depender de ti.[1] Em ti eu vejo o amor que te fez criar-nos, manifestando-te para o louvor e glória do teu nome; vejo o amor, que te levou a revestir-te da nossa natureza humana, para atrair a ti todos nós, errantes.

Ó Amor nosso! Vejo que hoje,[2] pela primeira vez, te mostraste sofredor: sendo o Legislador, tu te fazes observador da Lei (de Moisés), como exemplo de humildade para nós. Envergonhe-se, então, o homem, criatura tua, quando endurece o coração e não pratica a Lei, como fizeste tu, que és Deus.

No dia de hoje, mostraste, em ti, o pó da nossa mortalidade, a fim de que te conhecêssemos: passível, pagando o penhor (de nossa redenção), renovando-nos pelo amor de tua santa Paixão, para que, a teu exemplo, suportemos de boa vontade os nossos sofrimentos. Ó meu Criador e verdadeiro Deus! Humilhe-se e arrependa-se[3] toda alma no teu amor, pois criaste o homem para que ele te conhecesse, amasse e a ti somente seguisse.

---
[1] Oração feita em Roma, no dia 1º de janeiro de 1379.
[2] Festa da Circuncisão de Jesus.
[3] O texto original diz *"Manche o vero sliquese"*, que traduzimos por "Humilhe-se e arrependa-se".

Nós, porém, diante de tão grande benefício, ousamos afastar-nos de ti, Majestade eterna.

Hoje, ainda, desposas as nossas almas com a aliança do teu amor, dando a elas o direito de serem acolhidas como esposas, reconhecerem os teus favores, na lei (de amor) com que as fazes participar da tua eternidade.

Hoje, enfim, deste à minha alma o perdão dos pecados pelo teu ministro, mostrando-me o seu poder, poder que a ti pertence, e fazendo-me ver que, se criaste o homem sem ele, sem ele não o salvas. Sem minha colaboração, tu me criaste, mas, sem meu esforço, hoje, não me salvas. Através do meu pedido e da (minha) confissão, tu me libertaste dos laços do pecado pelo dom do teu ministro. Por tal coisa eu, serva indigna, te agradeço. Que eu seja pura por tua graça.

2. Oração pelo papa Urbano VI e por seus adversários

Amor meu, eterno Deus! Suplico-te, hoje, que uses de misericórdia com o mundo. Ilumina-o para que, na luz da fé, reconheça teu representante. Ó meu Deus, concede a este último a pureza da fé, concede-lhe luz, para que o mundo inteiro o siga. Além de lhe dar a luz sobrenatural e de dotá-lo de um coração viril, concede-lhe o equilíbrio da humildade. Meu Amor, não cessarei de bater à porta de tua bondade, a fim de que o exaltes.[4] Mostra, pois, teu poder através do teu representante. Que seu coração viril arda no teu desejo santo, com a moderação da humildade, da benignidade, da caridade e da pureza. Que tua sabedoria aperfeiçoe os seus atos, e que ele atraia todos a si. Concede-lhe conhecer teu ser em si mesmo, para que, por tua graça, se conheça como era antes e como é agora, por graça tua.

---

[4] "A exaltação que Catarina deseja é o pleno reconhecimento, por parte da Igreja inteira, do justo direito de Urbano VI ao título de supremo pastor" (Giuliana Cavallini).

Ilumina também os inimigos do teu representante. Com coração incircunciso, eles resistem ao Espírito Santo e opõem-se à tua onipotência, que bate à porta da alma deles; sem ti não poderão salvar-se. Ó Deus, convida-os, a fim de que se convertam a ti. Impulsiona-os, Amor sem preço. Que teu amor os atraia neste dia de graças. Morra sua dureza. Que eles sejam reconduzidos a ti, que não pereçam.

Ó Deus de suprema misericórdia! Como eles te ofenderam, castiga seus pecados em mim. Eis meu corpo: de ti o recebi; a ti o entrego; torne-se uma bigorna, sobre a qual suas culpas sejam destruídas. Vejo que dotaste o teu representante de um coração naturalmente viril.[5] Com humildade, súplice eu te imploro: infunde em sua mente a luz sobrenatural. Um coração assim cai na soberba, se não lhe for dada essa luz com um amor exclusivo pela virtude.

Neste dia, seja eliminado todo amor-próprio em teus inimigos, em teu representante, em todos nós, para que possamos perdoar-lhes, quando tiveres dobrado sua dureza.

Para que os inimigos se humilhem e obedeçam a este nosso senhor,[6] ofereço-te minha vida agora e quando te agradar. Dá-la-ei para tua glória, implorando humildemente – pela virtude da tua Paixão – que limpes e varras da tua esposa (a Igreja) todos os vícios, assim como limpaste e varreste as plantas antigas e infrutíferas.[7] Não demores mais.

Ó Deus verdadeiro, sei que bates sem pressa para cortar o tronco, retorcido de crueldade, dos teus inimigos, endireitando-os um dia. Mas apressa-te, Trindade eterna! Para ti não é

---

[5] Catarina conhecia bem Urbano VI e muito mais Fr. Raimundo de Cápua, que tinha livre acesso junto ao papa.
[6] Fala de Urbano VI.
[7] Catarina refere-se aos cardeais que se tinham rebelado contra Urbano VI. Veja-se a oração n. 7.

difícil de uma coisa fazer outra, já que tudo fizeste do nada. Não te é difícil destruir os vícios. Recomendo-te também os teus filhos[8] e te ofereço aquele que te deu a mim;[9] peço que te dês a ele, que o renoves por dentro e por fora, que orientes seus atos conforme o teu beneplácito. Para que te dignes escutá-lo, eu te agradeço, ó Bendito pelos séculos dos séculos. Amém.

---

[8] São os discípulos de Catarina.
[9] Trata-se do sacerdote que levou a comunhão eucarística a Catarina naquele dia.

26
Oferta de si pela Igreja e prece pelos discípulos
(XXVI – O artesão e a argila)

Ó Deus eterno, bom Mestre, que modelaste o vaso do corpo humano do limo da terra![1] Dulcíssimo Amor! De uma tão vil matéria formaste o corpo e nele infundiste um grande tesouro, a alma, que traz em si a tua imagem, eterno Deus. Mestre bondoso, meu doce Amor! É o mestre que faz e desfaz, quebra e remodela este vaso, conforme te agrada.

A ti, Pai eterno, mísera que sou, ofereço novamente a minha vida[2] pela tua doce esposa. Quantas vezes for do agrado de tua majestade, retira-me e devolve-me ao corpo, com um sofrimento cada vez maior. Mas que eu veja a reforma da santa Igreja, tua esposa.

Ó Deus eterno, eu te peço a Igreja.[3] Também te recomendo meus filhos muito amados. Pai supremo e eterno, eu te suplico: se for do agrado da tua misericórdia retirar-me do corpo e a ele eu não mais voltar, não os deixes órfãos, mas visita-os com tua graça. Faze que eles, mortos (para si mesmos), vivam com perfeita iluminação, unidos entre si pelos laços da doce

---

[1] Oração-testamento de Catarina, recitada em Roma, no dia 30 de janeiro de 1380. Sabemos que duas semanas depois ela perdeu o uso dos membros inferiores e parou de ir diariamente à basílica de São Pedro, para rezar pela Igreja desde cedo até às 15h. Morreu no dia 29 de abril do mesmo ano.

[2] Desde a oração n. 1.3, feita em Avinhão no dia 14 de agosto de 1376, Catarina costumava oferecer-se a Deus como vítima pela Igreja.

[3] Em passagens análogas de suas orações, Catarina pede "pela" Igreja. Aqui ela pede "a" Igreja a Deus Pai. Que ideia, que intuição mística deveria ter aquela jovem de 33 anos sobre sua missão pessoal na Igreja!

caridade, e, apaixonados, morram na santa Igreja. Pai eterno, que nenhum deles seja arrancado das minhas mãos (cf. Jo 10,28). Perdoa todas as nossas maldades. A mim, perdoa a muita ignorância e a grande negligência que cometi na tua Igreja, por não ter realizado o que poderia e deveria ter feito.

Pequei, Senhor, tem compaixão de mim!

A ti ofereço e recomendo meus queridos filhos, pois eles são a minha alma. Se for do agrado de tua bondade conservar-me neste corpo, cura-o e conserva-o, ó Médico supremo, pois está todo desfeito.

Pequei, Senhor, tem compaixão de mim!

Sumário

5	**Apresentação**
7	**Prefácio do tradutor**
11	**1. A missão de Cristo, da Igreja e do papa**
11	1. Criação, queda e redenção do homem
12	2. Louvores a Jesus Cristo e a Deus Pai
13	3. Súplica pela Igreja, pelo papa, e oferta como vítima
15	**2. Pelos pastores da Igreja e pelos discípulos**
15	1. Despojar-se da própria vontade
16	2. Súplica pelos pastores da Igreja
16	3. Prece pelos discípulos
17	**3. Pela ação do papa na reforma da Igreja**
17	1. A missão do papa é a mesma de Jesus
19	2. Agradecimento pela missão do papa
21	**4. Opção de Paulo pelo Crucificado**
21	1. As faculdades humanas e a Trindade
21	2. Paulo, suas faculdades e a Trindade
22	3. A escolha de Paulo apóstolo
23	**5. Invocação à Trindade pela Igreja**
25	**6. Oração à Trindade**

27	**7. Pelos novos cardeais e pelo papa**
31	**8. Pelo papa Urbano VI**
33	**9. Os caminhos da santidade e da misericórdia**
33	1. Muitas estradas levam a Deus
35	2. Louvores à misericórdia divina
37	**10. Pela renovação da Igreja e do mundo**
37	1. Os grandes dons de Deus
38	2. Prece pelo mundo e pela Igreja
39	3. Pedido da luz divina para o mundo
41	**11. A perfeita iluminação**
41	1. Despoja o homem da vontade própria
42	2. Reveste o homem da vontade divina
45	3. Pedido de luz divina para o papa e pastores
45	4. Agradecimento final
47	**12. Como olhar para si mesmo e para o mundo em Deus**
47	1. No ato criador
48	2. Na encarnação e na Eucaristia
49	3. Prece pelo mundo e pela Igreja
50	4. Importância das faculdades da alma
51	5. Inflamada súplica final
53	**13. Louvores a Deus criador e santificador**
53	1. Jesus, revelação dos mistérios de Deus
54	2. Deus quer que nos alimentemos da Eucaristia
55	3. Conhecimento do amor eterno de Deus

57	**14. Auxílios divinos para a reforma da Igreja**
57	1. Mil auxílios da Providência
59	2. Súplica pelo papa e pelos discípulos
61	**15. A Igreja precisa de compaixão e misericórdia**
61	1. A compaixão em Deus e na vida dos homens
64	2. Prece pela Igreja e pelo papa
65	3. Súplica por todos os homens e pelos discípulos
67	**16. Fraqueza do homem e fortaleza de Deus no homem**
69	**17. O enxerto de Deus na humanidade**
69	1. Quem vive em mim e eu nele, esse dá muito fruto
70	2. Os cristãos dos tempos de Catarina
71	3. Louvores a Jesus Cristo
72	4. Súplica pelos discípulos
73	**18. Maria e a Trindade no dia da anunciação**
73	1. Grandezas de Maria
74	2. Prudência de Maria diante de Gabriel
74	3. Um olhar ao mistério da encarnação
75	4. A decisão trinitária de remir os homens
76	5. Força e liberdade humanas na anunciação
77	6. Súplica pela Igreja e pelo papa
78	7. Prece final a Maria
79	**19. Valor do sofrimento na reforma da Igreja**
79	1. A Paixão nos revela o amor de Deus por nós
80	2. Catarina dirige-se ao Crucificado
81	3. Hino de louvor à Paixão de Cristo

82	4. O sofrimento como caminho para Deus
82	5. O mistério da Paixão
83	6. Catarina reza pelo mundo do seu tempo
84	7. Agradecimento final
87	**20. Mistérios de Deus, que redime**
91	**21. A falta de amor mútuo é contra a natureza**
93	**22. Somente julgar no abismo do amor divino**
95	**23. A verdade divina em nós**
97	**24. Cristãos perseguidores da Igreja**
99	**25. Pelo papa Urbano VI e pelos seus inimigos**
99	1. Favores divinos na Festa da Circuncisão
100	2. Oração pelo papa Urbano VI e por seus adversários
103	**26. Oferta de si pela Igreja e prece pelos discípulos**